"互联网+"
行业深度落地系列

珠宝新零售

互联网背景下珠宝流通新模式

黎志伟　欧阳勇军　王先庆◎著

人民邮电出版社

北　京

图书在版编目（CIP）数据

珠宝新零售：互联网背景下珠宝流通新模式 / 黎志伟，欧阳勇军，王先庆著. —— 北京：人民邮电出版社，2019.4（2023.1重印）

（"互联网+"行业深度落地系列）

ISBN 978-7-115-50738-9

Ⅰ．①珠… Ⅱ．①黎… ②欧… ③王… Ⅲ．①互联网络—应用—宝石—工商企业—经营管理—研究—中国

Ⅳ．①F426.89-39

中国版本图书馆CIP数据核字(2019)第014995号

内 容 提 要

本书从剖析珠宝行业的现状入手，给出了以下预判：大部分的珠宝品牌将会采用新零售的模式，实现"珠宝+新零售"；传统珠宝实体店将向新型科技化珠宝店转型，同时充分与线上、线下和物流结合；大数据将成为珠宝实体店重新崛起的关键，轻资产运营将成为珠宝零售的主要运营方式；珠宝企业若在求生存求发展的同时充分融入科技，回报将更高；珠宝企业内部亟须调整产品结构，珠宝定制将成为企业的重要经营领域。本书适合珠宝流通相关从业人员阅读。

◆ 著　　黎志伟　欧阳勇军　王先庆

　　责任编辑　赵　娟

　　责任印制　彭志环

◆ 人民邮电出版社出版发行　　北京市丰台区成寿寺路 11 号

　邮编　100164　电子邮件　315@ptpress.com.cn

　网址　https://www.ptpress.com.cn

　涿州市京南印刷厂印刷

◆ 开本：700×1000　1/16

　印张：14.75　　　　　　　　　　2019 年 4 月第 1 版

　字数：186 千字　　　　　　　　2023 年 1 月河北第 9 次印刷

定价：59.00 元

读者服务热线：(010)81055493　印装质量热线：(010)81055316
反盗版热线：(010)81055315
广告经营许可证：京东市监广登字 20170147 号

新零售与珠宝产业的未来

对珠宝产业的从业人员来说，2012—2017年是让人心寒的5年。从2012年起，中国珠宝产业开始走下坡路，珠宝销售也从2012年的同比增长33.33%，下降到2016年的同比增长0.96%，大量珠宝企业因此倒闭破产。

但是，这5年的萎缩期，同时也是珠宝产业的转型调整期：一方面，行业全面被动进行产业升级，众多新兴企业借助互联网的力量快速成长；另一方面，许多有远见的珠宝企业敏锐地感受到了市场的变化和未来的风向，开始向珠宝＋新零售的方向转型。

面对严峻的市场形势，不想倒闭的企业就必须转型升级，与新零售结合。

珠宝企业面对这场行业的巨大变革，应该如何做才能确保自己在新型市场中站稳脚跟呢？

答案是顺应时代。现如今，一个珠宝＋新零售的全新时代已经到来。

新零售的商业模式在珠宝行业不仅可以将线下实体门店和线上电子商务的优势充分发挥出来，同时，借助新零售大数据和私人定制的优势，珠宝产业的老大难问题——"压货"问题将被彻底解决。我们用感性的方式描述大数据和私人定制：**未来每件珠宝都会为需要它的人而生，到需要它的人那里去。**

以消费者为中心，充分把握大数据应用带来的机遇，加入新零售的浪潮，是帮助珠宝企业走出行业困境的最优选择。

2016 年，马云在云栖大会上第一次提出"新零售"的概念："电子商务这几个字可能很快就被淘汰。从明年开始，阿里巴巴将不再提'电子商务'这个说法。纯电商的时代很快就会结束，未来的 10 年、20 年将没有电子商务，取而代之的是新零售。线上、线下和物流结合在一起，才会产生新零售。"

之后，马云这样断言："新零售势必影响整个经济的变化。"

对珠宝产业来说，新零售是一个新的机遇。在过去的几年中，一部分珠宝企业在实体店的经营危机中苦苦挣扎，一部分新型珠宝企业借助"互联网 +"的力量起飞。

然而，在过去几年，无论是前者还是后者，都感觉到了大环境的冰冷：一方面珠宝实体经历着全球性的实体衰落；另一方面，珠宝电商也在流量越来越难以获取的现实中苦苦支撑。

线上、线下和物流结合的新零售模式，正是珠宝产业的新希望。过去，我们说风口是"互联网 +"；现在，我们相信这个风口已经换成了"新零售"。

对珠宝产业来说，未来市场当然仍旧是巨大的，但是如何在这个巨大的市场中分一杯羹就是一门科学了。对现在的珠宝企业来说，单一依靠线上或者线下销售模式是无法长远发展的，必须将线上和线下结合起来。

现在，整个珠宝产业都还处于转型期的起步阶段，2018—2020 年是珠宝产业的关键期，我们预测珠宝产业将会往以下 4 个方面发展。

- 大部分的珠宝品牌将会采用新零售的模式，实现"珠宝 + 新零售"。

- 传统珠宝实体店将向新型科技化珠宝店转型，同时充分结合线上、线下和物流，大数据将成为珠宝实体店重新崛起的关键。

●　轻资产运营将成为主流，珠宝企业若在求生存求发展的同时充分融入科技元素，回报也会更高。

●　珠宝企业内部调整产品结构，珠宝定制将成为企业的重要经营领域。

随着"新零售"这几年的发展，不论主观上是否愿意，如今众多的行业和消费群体已经被卷入"新零售"的浪潮中。或主动或被动，或温和或激烈，新零售将在现在和未来重塑现有的经济模式。对珠宝企业来说，新零售模式更具有摧枯拉朽般的力量：要么被这股力量摧毁，要么借助这种力量再生。站在新零售的风口上，如果能做到顺势而为，珠宝企业将迎来全面的转型升级。

本书由粤港澳大湾区珠宝产业联盟、广东省钻玉珠宝研究院、广东省珠宝玉石交易中心和广东财经大学商贸流通研究院4家机构共同策划，由广东省珠宝玉石交易中心总经理黎志伟、广东省钻玉珠宝研究院院长欧阳勇军、广东财经大学商贸流通研究院院长王先庆3人联合撰写。在研究过程中，彭雷清、李曼、宋浩、王博、杨雅玲、王苏媛、王忠康、李志翔等人在资料搜集等方面提供了大量帮助。广东六福集团、周大福珠宝、南非甄钻、卓尔珠宝张光贤先生、ONE JEWELRY 创始人李军先生等珠宝企业及负责人，结合自身的新零售实践，提供了典型案例。对此我们表示衷心的感谢。

此外，自改革开放以来，广东的珠宝流通一直领先全国，形成了一大批闻名全国的珠宝制造基地、交易中心、特色小镇、知名品牌和龙头企业，它们一直在开拓创新，形成了各自的模式、理念和特色，值得深入研究和总结提炼。因此，我们将结合这些企业的实践和案例，进一步研究，形成丛书，以供各界交流指导。

目录
PREFACE

第4章 珠宝＋微商＋新媒体：一直在进化

第5章 拥抱未来：这是一场与时间赛跑的颠覆性变革

第1章
新零售业态下的珠宝产业

对珠宝产业来说，适时加入新零售体系也许是最聪明的选择。要做好珠宝新零售，4种思路可以帮助珠宝企业更顺畅地完成变革。

珠宝行业的困局与变革

在珠宝产业有一句话非常准确地说明了珠宝产业的发展规律："珠宝产业的兴盛必然是在经济繁荣的后期，然而珠宝产业又是经济衰退时期第一批受到影响的行业。"2016 年，珠宝产业经历了最为惨烈的一年，大批珠宝企业在这一年倒闭。2017 年，情况同样不容乐观。现在已经不是"凛冬将至"，而是珠宝企业的"凛冬"已经到来。

凛冬已至：珠宝企业到了必须变革的时候

中国珠宝产业的起步较晚，真正意义上的发展只有几十年之久。在这几十年中，珠宝产业经历了短时间内聚集大量财富的大起，也经历了珠宝泡沫破灭的大落。

20 世纪末，中国珠宝产业正处于起步阶段，进入急速增长的时期。21 世纪初，珠宝产业快速扩张，吸引了大量的资金进入，仅深圳一个地方的珠宝产业就吸收了高达 6000 亿元的资金。然而从 2012 年开始，银行发现珠宝产业已经有走下坡路的趋势，于是选择撤资离开，这时珠宝产业开始进入"涅槃时期"。2014 年，珠宝企业感受到了行业的寒冬，多年以来，珠宝产业一直都呈现出高速增长的态势，此时却突然失去了前进的方向。

我们来看看周生生和周大福两大珠宝巨头的情况。

香港三大珠宝零售商之一周生生 2016 财年纯利 7.422 亿港元，较 2015 年的减少 11.303 亿港元，暴跌 34.3%。2016 年每股收益 109.6 港仙，集团拟派末期息 35.0 港仙，2015 年为 36.0 港仙，2015 年派发的 14 港仙特别息，2016 财年则取消。

周生生表示，尽管年内金价一度攀升 20%，不过并未出现如此前一样的投资黄金热潮，消费者的消费意欲依旧疲弱，而挂钩美元的强势港元令访港内地游客年内跌 7.6%，使香港游客消费减少。

2016 年全年，周生生营业额 160.925 亿港元，较 2015 年的 190.693 亿港元大跌 15.6%。

其中港澳市场的珠宝零售业务销售额跌幅为 26%，同店销售额跌幅为 25%，黄金重量销售额跌幅为 34%，由于租金持续强势，集团在游客区结业三间门店，另在观塘和元朗各设一间新门店，而澳门市场门店减租乏力，期内总租金持平，已续约租金的调整幅度在 -38% ~ 10%。

内地珠宝零售业务销售额下滑 5%，同店销售额跌幅 4%，黄金销售同样遇阻，同店销售额跌幅 13%，而珠宝镶嵌饰品保持上升趋势，在线业务持续增长，占比 10%。

截至 2015 年年末，周生生在内地共运营 374 间门店，新增 47 间，结业 16 间，净增 31 间。

2016 财年期间，周生生集团营业利润按年下跌 6% 至 9.470 亿港元。珠宝零售占本集团营业额 87%。

周生生全年暴跌 34%，另外一个珠宝巨头周大福的销售情况同样不容乐观。

· ·

早在 2016 年年初，《中国经营报》就这样报道：零售业正面临寒冬，中国最大的珠宝集团之一周大福正在经历因港澳零售市场整体下滑而带来的阵痛。2016 年 1 月 8 日，周大福的财报显示，周大福同店销售按年下跌 15%，零售值按年下跌 11%。

对此，周大福集团新闻发言人回应《中国经营报》记者，这主要是受访港的内地旅客减少及港澳的零售市场持续疲软的外在因素影响。目前，香港整体零售环境转弱，包括周大福在内的珠宝零售商更加倚重内地市场的趋势已逐渐清晰。

由于港元汇率不断上升，中国香港旅游消费持续下降，周大福早在 2016 年就开始着手减少在中国香港的门店，并把内地的新店由最初计划的 150～160 家减少到了 50～60 家。

严重依赖香港市场的周大福开始把目光瞄准内地市场，但也意味着周大福对此前提出的急速扩张计划予以了否定。

· ·

整个 2016 年，周大福净利润大跌 46%，这是一个恐怖的数字。

到 2017 年，周大福发布的 2017 年度财报似乎印证了这一点。截至 2017 年 3 月 31 日，周大福销售额同比下跌 9.45% 至 512.46 亿港元，这已经是数连跌了。周大福历年财年数据如图 1-1 所示。

从图中我们可以看出，从 2014 年起，周大福的财年数据就不断下跌。《时尚头条网》提供的数据资料显示：珠宝镶嵌部门销售额同比下跌 15.8% 至 110.75 亿港元，占总销售额的 25.3%；黄金产品部门销售额同比下跌 6.2% 至 245.24 亿港元，占总销售额的 57.4%；铂金 /K 金产品部门销售额同比下跌 18.2% 至 50.98 亿港元，占总销售额的 11.5%；钟表部门是唯一增长的部门，销售额同比上涨 4.6% 至 29.14 亿港元，在总销售额中的占比较小，仅为 5.7%。

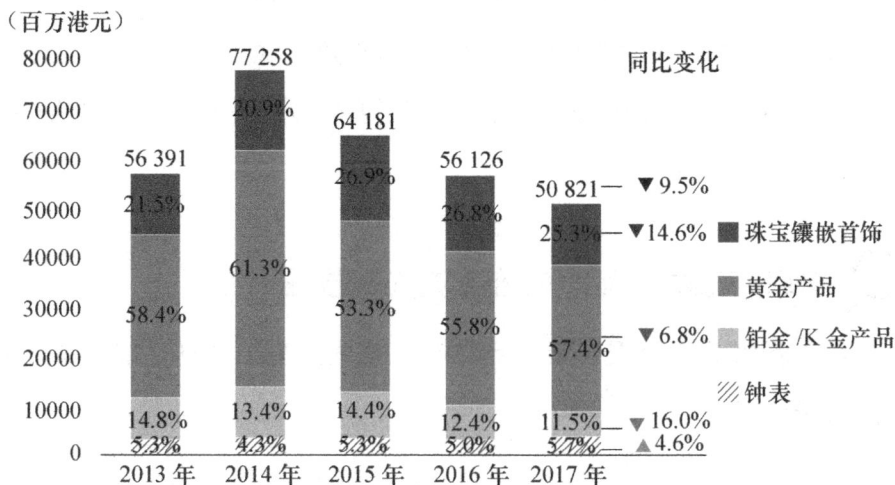

图 1-1　周大福历年财年数据

而在销售额不断下跌中，周大福也在积极谋求转型，数字化渠道是周大福的重要战场。同时，随着新零售浪潮愈演愈烈，周大福也是最早向新零售转型的珠宝企业之一。

除此之外，我们熟悉的传统的珠宝中心也未逃脱珠宝严冬的诅咒。

在广州华林国际玉器城，原来高达数百万元转让费的铺面，现在免费转让只求能顶上租金。华林商家为了减轻几百元租金费用的压力，集体要求降低铺面租金。

曾经是人声鼎沸的四会，如今四会商家却以每天一波的速度关店回福建、河南老家。"中国玉都"揭阳正遭遇空前"寒冬"，众多企业正考虑转型自救。

之前一铺难求的卖场，现在均在积极寻找转型出路。

珠宝企业到了必须变革的时候，但是，如何变革、向什么方向变革，值得我们每个人深思。

虽然很多商家开始采用"珠宝＋微商""珠宝＋电商"的模式进行转型，以求在困境中突围。但无论是微商还是电商，现在都已遭遇发展的天花板。

显然，珠宝企业要想走出困境还需要寻找其他的方式。

但是，在探讨珠宝产业的自救之道之前，我们首先要分析：为什么珠宝企业会陷入如今的困境。

外患：高成本、强竞争、低客流的三重夹击

珠宝企业的困境不是一天两天形成的，是内忧外患同时作用的结果，如图1-2所示。

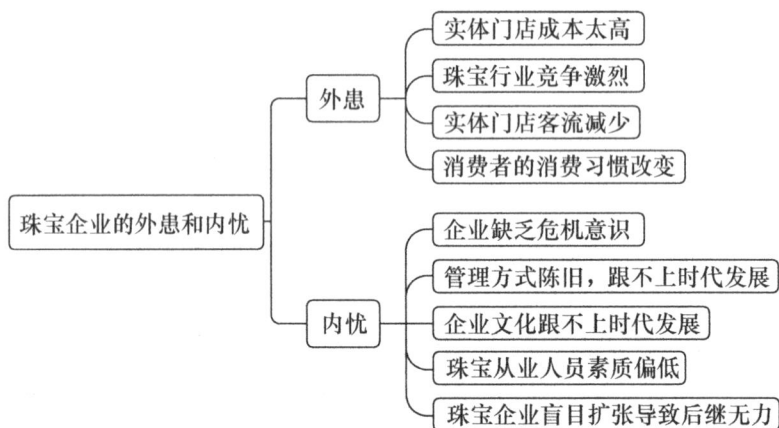

图1-2　珠宝企业的外患和内忧

珠宝产业现在所面临的外部挑战，主要来自以下几个方面。

◆ **实体门店成本太高**

珠宝实体门店的成本投入如图1-3所示。

```
珠宝实体门店的成本投入 ┬ 铺货费用
                      ├ 门店租金
                      ├ 门店装修支出
                      ├ 人员开销
                      ├ 商业推广费用
                      └ 门店运营费用

实体门店的巨大成本投入是经营者的沉重负担
```

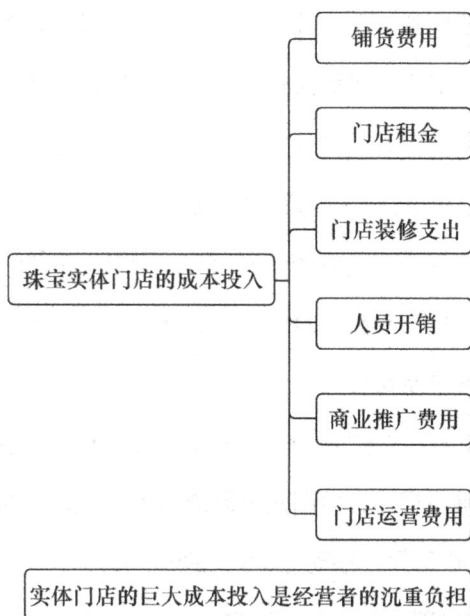

图 1-3　珠宝实体门店的成本投入

　　我们以一个面积为 100 平方米左右的门店为例，这样大小的珠宝门店仅铺货费用就需要四五百万元，再加上房租、门店装修、人员开销、商业推广等成本，一家店铺的成本投入非常巨大，已成为经营者的沉重负担。

　　◆ **珠宝行业竞争激烈**

　　相关机构的统计结果显示，目前中国从事珠宝行业的相关企业有 18000 多家，实体销售门店共有 64000 家。其中，小规模企业占大多数，这些企业资金不足、实力欠缺、没有创新的意识和能力，只能靠打价格战获取一席之地。这使产品同质化现象严重，进入恶性竞争循环。未来的珠宝零售业，竞争将更为激烈，这是业内的共识。

　　◆ **实体门店客流减少**

　　珠宝门店的投入资金巨大，动辄百万元甚至千万元起。在过去，这种投入是能收回来的：**由于消费者购买珠宝的渠道单一，门店成本虽高，但获客成本较低，客流量、店面流水都是极大的。**但如今，受市场环境等因素的影响，传统店面的客流量和利润都大不如从前，并且传统珠宝零售门店通常布局在商场内部或者周围，而百货零售业因为受到电商的巨大冲击，商场客流量明显下降，珠宝零售门店的进店客流也受到较大的影响。所以，传统的实体珠宝企业如果还延续旧的模式，那么门店成本就将成为珠宝企业不能承受之重。

◆ *消费者的消费习惯改变*

随着无线网络及 4G 网络的迅速普及，移动互联网呈现出井喷式发展的态势。2017 年 1 月的统计数据显示，中国网民数量为 7.31 亿，其中手机网民数量高达 6.95 亿，增速远超 PC 网民，移动互联网已经成为趋势，传统销售模式受到消费者的冷落，消费者的消费习惯发生了改变。

实体珠宝企业举步维艰，互联网珠宝企业同样面临挑战。互联网珠宝企业面临的挑战是在成本优势逐渐失去后该如何续航。中国通过互联网销售的钻石总额仅占全国销售总额的 3%，这一数据与欧美国家 35% 的比重相比，中国互联网珠宝企业还有漫长的一段路要走。

降低经营成本，以价格优势吸引客户一直是互联网珠宝企业竞争时的利器，但是如今，互联网珠宝企业不满足于只做线上，开始发展线下实体门店，并且进行渠道的深化，未来实体门店开得越多，企业运营成本势必会越高（代理商赚取的利润、商场扣点、人员成本等）。同时，大力发展线下渠道将不可避免同周大福、谢瑞麟等珠宝企业发生冲突，加大企业线下发展的困难程度。

经营成本的提高会让互联网珠宝企业陷入两难境地：**如果继续以价格优势作为自己的竞争力，企业的利润将大幅下滑；但是如果提高产品价格，那就失去了同其他珠宝企业竞争的能力，自己拥有的市场将会被其他珠宝企业侵占。**

原始互联网珠宝企业同品质更低价的经营模式现在正面临严峻挑战。在成本优势逐渐失去后，如何提升企业的续航能力就成了一个难题。

内忧：珠宝企业本身硬伤重重

珠宝产业的严冬，不仅有外部因素，也有内部因素。很多珠宝产业本身具有很大的硬伤，来自内部的威胁一直没有消失，只是被过去的市场掩盖了。而未来，具备以下几种硬伤的企业如果不能提前做出改变，那将会成为最先被淘汰的企业。

◆ 管理方式陈旧，跟不上时代发展

如图 1-4 所示，很多企业最早从家庭作坊开始，逐渐有了一定的规模。企业规模扩大，人才需求也相应扩大，但是企业的管理依然采用家族管理的思维，企业中存在大量的亲戚关系、裙带关系等，他们不愿意接受现代管理技术对企业结构体系进行的改造。

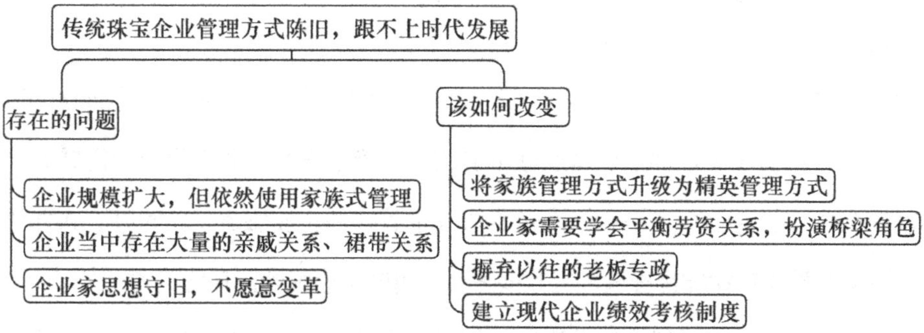

图 1-4 传统珠宝企业管理方式陈旧，跟不上时代发展

显然，这种管理模式已经不能适应当今时代。所以，对于这类企业来说，改进企业管理模式就成为刻不容缓的事情。

随着现代企业制度的逐步普及，以及所有权与经营权的分离，在现代的企业管理中，职业经理人的地位非常重要，珠宝企业管理者需要学会平衡劳资关系，在企业内部的管理体系中搭建一座桥梁。最重要的是要用制度管理人，不要用人情去管理，也不要用口头语言去管理，而是要建立现代企业的业绩绩效考核制度。不注重管理升级的珠宝企业是会被最早淘汰的。

◆ 企业文化跟不上时代发展

如今，企业文化的重要性要远远超过从前。新生代员工标榜个性、追求自由，他们很大程度上是看心情劳动的，如果企业文化的升级跟不上，那么员工很难发挥最大效益。然而，一些企业注重的不是现代的契约精神，也不是优化绩效机制，甚至很多珠宝企业还秉持着传统的劳资附属观念，很多民营珠宝企业限于领导者的眼界和文化，既无法解放劳动生产力，又无法激发员工的积极性。

◆ 珠宝从业人员素质偏低

中国珠宝产业的创业者以打金手艺人居多，并且有从业扎堆现象，十几万名涉及珠宝产业的年轻人扎堆在广州、深圳、福州等地，其中低学历者占多数，学历成为阻碍这些人成长的障碍。

通常年龄在30岁左右的从业人员比较适合做珠宝销售，不过一个合格的珠宝从业人员仅靠短期的培训是远远不够的，培养合格的从业人员企业需要花费时间和成本，并且即使培训出来也不能确定其能为企业服务多长时间，人才流失现象在珠宝产业非常普遍，因此很多企业也就不愿意为此耗费精力。

一线人员的素质低导致其执行力较差，同时珠宝产业对新鲜事物的敏感度较为欠缺，这些都为行业严冬的到来埋下了伏笔。

珠宝产业是资本密集型和劳动力密集型产业。从业者的入行门槛低、行业竞争激烈、运作成本较高，这些都是传统珠宝产业存在的问题。也正是因为这些问题，珠宝产业迫切需要一种新模式。

◆ **珠宝企业盲目扩张，导致后继无力**

一位资深业内人士曾经说："大量资金进入珠宝产业曾让珠宝的从业者们异常兴奋，特别是在深圳，这个现象最为明显。贷款、扩张、再贷款、再扩张，这种情况在当年的深圳珠宝产业非常普遍，参与者似乎认为钱到手就是自己的了，最后却出现了问题。"

珠宝产业其实带有一定的金融色彩，运作需要依靠资金的支持，想要企业得到长久的发展，稳定、扎实的健康发展才是正确的道路。

事实上，珠宝企业今天的危机和企业管理者本身缺乏危机意识有很大关系。

传统的珠宝销售模式已经不适用于当今时代，这是不争的事实。企业改革转型是大势所趋，而那些依然抱着陈旧观念不放，不愿意做出改变的珠宝企业将很快被淘汰。在未来，珠宝产业的变革或改革，将分为两种情况，如图 1-5 所示。

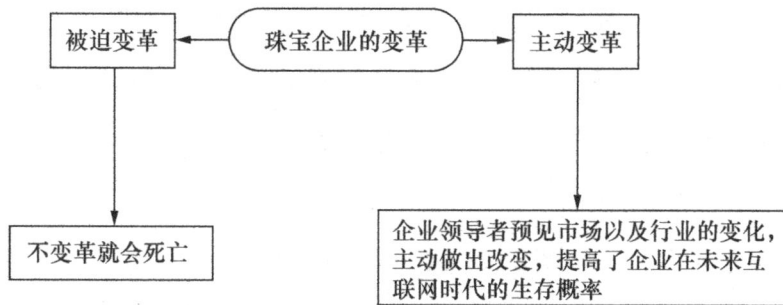

图 1-5　珠宝企业的变革

第一种，被迫变革

当企业遭遇种种问题并且无法解决、已经到威胁企业生存的地步时，变革就是唯一的道路。这种改革的过程非常艰难和痛苦，需要有壮士断腕的决心。

因为不改革，企业就会死亡。

第二种，主动变革

选择主动变革的企业决策者有较强的洞察能力，可以提前预见市场以及行业可能发生的变化，所以他们会提前进行变革，积极应对未来将会遇到的变化。

在零售业正在发生巨变的今天，改变企业战略、构建新的商业模式，是每家企业都需要做的事情。这已经不是企业盈利能否增长的问题，而是关系到企业是否能够在新时代生存的问题。

及时地做出改变，能够提高企业在未来市场竞争中生存的概率；不改变，一定会被时代淘汰。

那么怎么变革？向什么方向变革？

答案已经很明确：新零售。

🔍 珠宝新零售：是机遇也是挑战

"未来的 10 年、20 年没有电子商务一说，只有新零售一说。"

马云此话一出，马上引起了众多行业的关注，"新零售"立刻成为热门话题。因为所有人都记得"互联网 +"的概念自 2012 年被提出后，短短几年内对中国产生了怎样的影响。

不过也有很多人对"新零售"这一概念持质疑态度，认为这不过是将 O2O 模式换了一种说法，认为零售并没有新旧之分，只是随着环境的改变对 O2O 模式进行的相应调整。真的是如此吗？

虽然新零售的概念是马云在 2016 年 10 月提出来的，但其实阿里巴巴有关新零售的布局早在几年前就已经开始。例如，阿里巴巴在过去几年中陆续入股三江购物、苏宁电器、银泰百货，又先后推出了零售通、盒马鲜生等实体店铺。

这些均表明阿里巴巴的"新零售"布局不是近期才开始的，而是有了相当长的规划。

从这些企业家的行为中，我们就可以辨析新零售绝对不是简单的换种说法，而是一种全新的零售方式，也是未来的一种零售趋势。正是因为如此，企业才会纷纷提前进行布局。

以珠宝产业为例，传统珠宝企业已经进入严冬是本书开头就说过的事情，不过这种情况并不是珠宝产业的特例。事实上，绝大多数传统零售企业情况不容乐观，纷纷陷入了闭店狂潮之中。

电商的出现无疑给这些处于寒冬中的传统零售企业带来了一丝希望，事实似乎也证明了这一点。随着电商浪潮的到来，无数个传统零售企业加入其中，希望以此打破僵局。

2016 年，中国互联网零售额达到了 49678.5 亿元，较 2015 年增长 29.6%，占中国社会消费品零售总额的 14.95%。

从这些数据看，电商确实改变了传统零售行业，并且根据预测，未来电商规模还会继续增长。但是很多人忽略了一点：**电商规模增长的速度正在逐年下降，造成这一情况的原因是互联网人口红利的下降。**

如今的电商零售市场已经基本被行业巨头瓜分，留给中小传统零售企业的生存空间已经非常小了，这也让电商行业的入行门槛越来越高。

虽然实体零售行业如今已经步入严冬，但是从 2016 年电商占中国社会消费品零售总额的 14.95% 这一数据来看，实体零售门店在零售市场中还有着非常重要的价值，它是不可能完全被电商替代的。

从上面提到的种种因素来看，中国零售市场迫切需要一种全新的、可持续的零售方式出现，新零售顺应潮流，就此诞生了。

我们应该抛下自身的包袱，向那些充分顺应新零售趋势的珠宝企业学习，尽快转型到适应新零售业态的新型珠宝企业中去。

传统的珠宝企业可以先向那些"珠宝＋新零售"的新生代珠宝企业学习，它们很新、很年轻，代表的是"新零售＋珠宝"的模式，它们也许规模不大，但是其意识绝对是领先的。

现如今，时代正在飞速发展，固化守旧的态度已不适合当今时代。在马云大力推动新零售、数次提及新零售之后，这股新零售的浪潮已经掀起。

传统珠宝产业不应该也不可能避开这股浪潮：当浪潮来临，是迎风破浪，还是就此沉入大海？

珠宝产业是非常传统的行业，而现在固守传统已经不可能存活，这就注定珠宝产业会经历一次巨大的行业变革。

以前的珠宝企业可以小富即安，但是现在这种时代过去了。在现今的环境下，珠宝企业就像逆水行舟不进则退，珠宝企业不求上进、不求改变，只能被淘汰出局。同珠宝产业传统的经营模式相比，新零售的经营模式能够降低企业的经营成本，也能够让消费者感到更加便利和实惠。所以我们相信，新零售模式是珠宝产业未来的大方向。

不过新零售的浪潮在给珠宝产业带来挑战的同时，也带来了机遇，如图 1-6 所示。

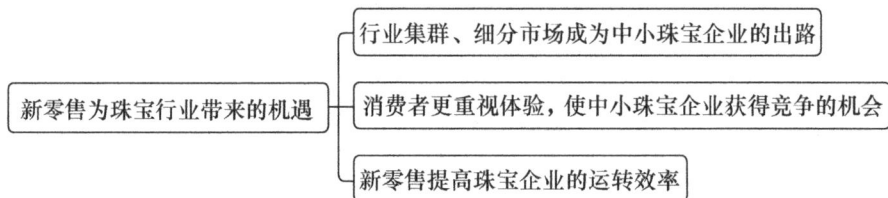

图 1-6　新零售为珠宝产业带来的机遇

机遇 1：行业集群、细分市场成为中小珠宝企业的出路

新零售的出现一方面令珠宝产业竞争激烈，另一方面也加速了珠宝产业的产业集群，加速了行业的优胜劣汰：大鱼吃小鱼，小鱼吃虾米，一个成熟的细分市场，最终只能留下前三名，这就是行业规律。而这种规律也给珠宝企业带来了机遇。未来无论珠宝企业规模大小，最终都要集中自己的资源和精力做细分市场。而细分市场的种类繁多，即使是行业巨头也不可能霸占多个细分市场，这就给中小珠宝企业提供了发展的机会。

机遇 2：消费者更注重体验，使中小珠宝企业获得竞争的机会

传统的珠宝产业一直以实体门店为主要销售途径，被动等待客户上门。

在过去，珠宝产业信息不全面，也不够透明。即使是现在，互联网早已普及，但是珠宝的真实价格依然还是行业秘密，不为外人所知。信息的不对称让珠宝产业经历了一个利润可以达到 200% 的暴利时代，而一些高端品牌珠宝的利润甚至会更高。

但是随着新零售时代的到来，信息不对称的格局将被彻底打破，珠宝企业面临的是前所未有的危机：**所有的珠宝企业不可能再进行过去地域垄断式的经营，并且消费者注重的也不再单是产品本身，而是企业能够为自己提供的体验。**

消费者要求的提高固然对珠宝企业提出了新的挑战，但又何尝不是中小企业崛起的机会呢？

当消费者不再单纯地受到品牌和营销广告的影响，开始注重购物体验时，就给众多中小珠宝企业带来了机遇：**只要注重体验，就能够获得消费者的青睐，从而让中小珠宝企业有机会和大品牌竞争。**

机遇 3：新零售提高珠宝企业的运转效率

新零售的核心价值就是"最大限度地提升全社会流通零售业的运转效率"。

具体来说，新零售就是以消费者为中心，数字化零售模式中的人、货、服务、供应链等环节，通过数据连通如手机端、PC端、实体门店等不同的消费场景，通过数字化技术将实体和虚拟零售供应链、支付链、服务链结合，从而让消费者享受全渠道覆盖无缝对接的综合购物体验，并且物流配送将会代替传统实体交付的高效、普惠的零售模式。这种改变将会极大地提高珠宝企业的运转效率，继而提高企业的盈利能力。

因此，对珠宝企业来说，商业模式改革已经刻不容缓，"新零售＋珠宝"的模式才是度过行业寒冬，不被市场淘汰的关键一点。

让我们用马云在云栖大会上的演讲来结束这一节。

未来的变革远远超过我们的想象，过去基本上是以知识驱动的科技革命，我想未来趋势不仅仅是知识的驱动，还是智慧驱动、数据驱动。

未来世界的变化远远超过大家的想象，这个想象就是我们要求的事。大学必须改造原来的教育体系，原来大学只传授，但其实"教、育、学、习"是不一样的概念。教是传授知识，学是学知识，习是学得智慧，希望未来大学多关注创造力和想象力的培养。

如果只是有知识的话，我相信我们未来的大学生会面临的挑战也会越来越大。因为21世纪以后，核心词是创新，是想象力，是变化。

所以未来的机器会比你聪明，但不要沮丧。我们比机器更厉害的，是我们对文化的把握，对愿景的思考，想象力是人类巨大的机会。最后，我希望大家知道，只要你去把握，未来就不可怕，我们的恐惧来自对未来的无知。

前几天有人和我讲了一个蛮有意思的话题，霍金讲，人类千万不要和外星人沟通，因为这很可怕。所以大家觉得如果互联网电子商务、互联网未来的大数据这么可怕，我们是否要去把握它？也是否应该拒绝不要和它沟通？因为它的冲击实在太大。

我并不承认有外星人这一说，如果有外星人，是人类把自己看得太伟大了，只有外星文明这一说可能存在，它长得和人并不一样。外星文明，你对它一无所知，它了解你，你不了解它，这是很可怕的事情。

那也许真会存在这样的道理，但是对未来、对互联网技术所带动的第三次技术革命，人类是可以获得的。因为互联网文明不是从外星来的，它是人类文明自己诞生的成果，是人类科技的发展，只要把握它、学习它，谁都不可能被淘汰，谁抵触未来、谁不把握未来、谁不改变自己，谁就一定会被历史淘汰。

重构人、货、场：聚焦新零售

新零售和传统零售

要了解什么是新零售，我们先来看看零售的概念。

零售是指向消费者个人或社会集团出售生活消费品及相关服务，以供其最终消费之用的全部活动。在零售的概念中，有几个关键点需要我们注意。

- 零售并不仅指出售商品，还包括出售服务。

- 在当今时代，零售已经脱离店面的束缚。网络销售、自动贩卖机等都属于零售的范畴。

- 零售的对象并不一定是个人，也可以是社会团体。

- 零售的商品是用于最终消费。如用户买了一个手机护套用在自己的手机上，这就属于零售。但是如果手机商家购买了护套和手机搭配销售，这就不属于零售。

•••

总结一下，我们就会发现零售活动中包含了3个要素：场所、产品和服务，也就是我们常说的"人""货""场"。虽然互联网和移动互联网的崛起改变了传统零售模式，但是其本质并没有发生变化。

那么什么是新零售呢？新零售同样没有离开零售的三要素："人""货""场"，不过新零售重构了这3个要素。

阿里研究院的《新零售研究报告》对新零售的定义是以消费者体验为中心的数据驱动的泛零售形态，其核心价值是"将最大限度地提升全社会流通零售业的运转效率"。

◆ 新零售和传统零售的区别与联系

随着信息技术以及科技的发展，新零售必然会彻底改变中国零售业，完成中国零售业的数字化再造，形成高效的实体和虚拟无缝对接的新零售业态。那么，新零售和过去的传统零售有哪些区别和联系呢？阿里研究院对此也给出了以下答案。

•••

- 数字化技术打通虚拟与现实的各个环节，实现实体与虚拟深度融合，传统零售的人、货、场在物理空间和时间维度上得到最大的延展，消费者不受区域、时段、店面的限制，商品不受内容形式、种类和数量的限制，消费者体验和商品交付形式不受物理形态的制约。

● 消费者实时"在线"，品牌商与零售商以消费者为中心，利用数字技术随时捕捉全面全域信息、感知消费需求、完成供需评估与即时互动、激发消费者潜在的消费需求，给消费者提供全渠道、全天候无缝融合的消费体验及服务。

● 回归零售的本质，零售企业的利润将主要来自商品和服务的增值，而不再是信息差利润。中国传统零售业在发展过程中以商业地产租金、联营扣点赚取高额利润的方式将不可持续，借助新技术和新资源降低成本，尽可能为消费者提供满足个体差异化的需求和用户体验的商品及服务，才是零售发展的方向。

● 全供应链数字化，流通路径由复杂向简单转变，供应链前端更加柔性、灵活，数据化管理为实现库存最优化乃至"零库存"提供精细的决策支持。供应链后端形成快速高效经济的新仓配一体化，供应链、交易交付链、服务链三链融合。部分供应链中间商的职能产生转变和分化，成为新生态服务商。

◆ 新零售是零售行业的第四次变革

新零售是零售行业的一次海啸级变革，但是在新零售出现前，零售行业已经有了 4 次变革。

第一次变革，使消费者实现了从无时无刻的交流式购买到自由选购的跨越。

1916 年，一家名为 Piggly Wiggly 的自助商店在美国田纳西州开业，这家自助型商店就是现代超级市场的雏形。Piggly Wiggly 的出现改变了传统零售业的消费模式，消费者不再需要隔着柜台同售货员沟通，而是可以自由接触商品。自此之后，这种模式便风靡全球，受到全世界消费者的喜爱。Piggly Wiggly 也借助这次零售模式的变革一举成为零售业巨头，在短时间内开设了 600 多家分店。

Piggly Wiggly 对零售模式的改变方便了消费者，大大提高了消费者对商品的触达率，也重新定义了消费者的价值，所以 Piggly Wiggly 对零售模式的改变被公认为零售业的第一次变革。

如果说第一次变革使消费者变得更自由，而零售业的第二次变革大大提升了零售企业的库存周转率。1962 年，传奇人物山姆·沃尔顿（Sam Walton）在美国阿肯色州成立了沃尔玛百货公司，以"帮顾客节省每分钱"的宗旨，很快赢得了消费者的青睐。为了能够让消费者可以在最短时间内得到所需要的商品，沃尔玛开始对零售业的供应链体系进行供应链整合。

早在 20 世纪 80 年代，沃尔玛就已经建立了统一的商品信息管理系统，也就是我们熟知的电子数据交换（Electronic Data Interchange，EDI）系统。沃尔玛使用这套系统和供应商进行联动，调整各个门店的采购计划，并且使用电子系统和供应商进行结算。

沃尔玛的这种做法让自己的库存周转得到了有效的提高，同时还降低了自己的库存，具备了其他零售企业不具备的优势。因此，沃尔玛成了零售业的巨头。**而沃尔玛对供应链进行整合所产生的全新零售模式被称作零售业的第二次变革。**

随着电商的兴起，零售业发生了第三次变革。

1995 年，亚马逊成立；2003 年，阿里巴巴成立；2004 年，京东商城成立……这些企业在成立初期很多人并不看好，但是如今它们都已经成了电商业的巨头。而它们的出现也代表着零售业第三次变革的到来：电商变革。

电商对零售业产生的影响不用多说了，因为我们都是这种影响的见证者和受益者。电商的出现改变了消费者的购物习惯，突破了时间和空间的限制，同时也带动了物流行业的发展，毫无疑问，**电商的崛起就是零售业的第三次变革**。

但是如今，无论是从数据还是从实际表现上，我们都可以感到传统电商市场已经走向尾声，未来已经没有多少发展的空间。

同时，随着消费的升级，中国人的生活水平在飞速提高，现在的客户已经开始从性价比时代跨向体验经济时代，这也让传统电商行业的短板充分暴露了出来，因为无论怎样，传统电商在体验经济上很难和实体零售门店媲美。

线上增长乏力，客户进入体验经济时代，线下实体店生存艰难……在这几种条件的共同作用下，**马云在 2016 年 10 月提出了"新零售"概念，于是，中国零售业开始进入第四次变革：新零售变革。**

2016 年，马云在阿里巴巴的云栖大会上提出了"新零售"的概念，预言未来 20 年不会有纯电商，只有将线上、线下、物流打通的新零售。

电商在经过 10 多年的高速发展之后，如今已经深入我们每个人的生活，商家通过电商积累了相当庞大的消费者数据，对消费者的行为有深入的了解，这些都为新零售的线下实体门店和物流的发展提供了帮助。通过大数据，零售企业能够准确地了解不同区域消费者的消费能力、商品喜好、购物偏好等信息，帮助零售企业优化库存。

从某种角度来看，新零售模式是电商发展的一种必然趋势，甚至我们可以将过去电商的迅猛发展看作为新零售铺路。而马云作为中国电商零售业的领军人物，率先提出了新零售的概念，显然，新零售将会成为零售业的第四次变革，并且我们已经在很多零售企业的身上看到了新零售的雏形。

新零售模式将会是未来零售业的主要模式，这点毋庸置疑。就像马云说的那样，如今风头正劲的电商将会被新零售替代或融合。

新零售的到来，重构了珠宝产业的"人""货""场"，使消费者和珠宝企业之间的诸多链条被打破，但是就像多年前的互联网一样，新零售的到来对于珠宝产业而言，是机遇也是挑战。

🔍 新零售的三大特征：以心为本、零售二重性和物种大爆发

阿里研究院的《新零售研究报告》还提到了新零售具有的三大特征：以心为本、零售二重性和零售物种大爆发，如图 1-7 所示。

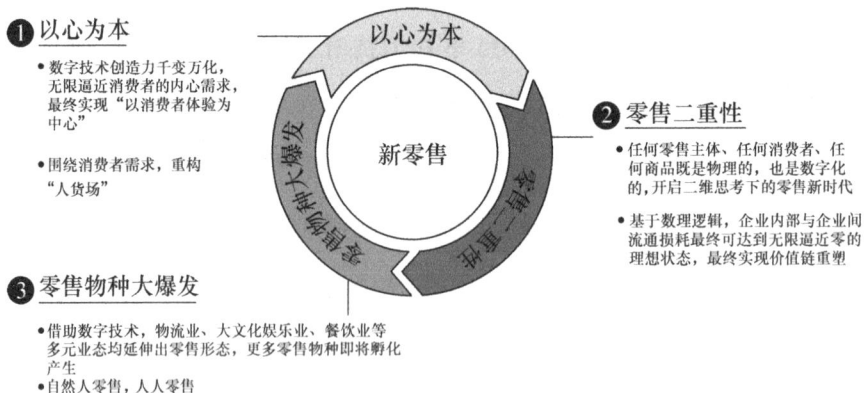

❶ 以心为本
- 数字技术创造力千变万化，无限逼近消费者的内心需求，最终实现"以消费者体验为中心"
- 围绕消费者需求，重构"人货场"

❷ 零售二重性
- 任何零售主体、任何消费者、任何商品既是物理的，也是数字化的，开启二维思考下的零售新时代
- 基于数理逻辑，企业内部与企业间流通损耗最终可达到无限逼近零的理想状态，最终实现价值链重塑

❸ 零售物种大爆发
- 借助数字技术，物流业、大文化娱乐业、餐饮业等多元业态均延伸出零售形态，更多零售物种即将孵化产生
- 自然人零售，人人零售

（图片来源：阿里研究院）

图 1-7　新零售的三大特征

特征一，以心为本：掌握数据就是掌握消费者需求

数据技术的创造力千变万化，数据能够帮助我们无限逼近消费者的内心需求，最终实现以消费者体验为中心。我们可以基于数据技术、围绕消费者需求，重构"人""货""场"（即"消费者—商品—场景"）。

特征二，零售二重性：二维思考下的理想零售

任何零售主体、任何消费者、任何商品既是物理的，也是数据化的，所以需要从二维角度思考新时代的新零售。同时，基于数理逻辑，企业内部与企业

间的流通损耗最终可达到无限逼近零的理想状态，最终实现价值链重塑。

特征三，零售物种大爆发：孵化多元零售新形态与新物种

由于数据技术，物流业、文化娱乐业、餐饮业等多元业态均延伸出零售形态，更多零售物种即将孵化产生，未来有望实现"人人零售"。

阿里研究院在解读新零售时，曾经提到新零售的"前台"这一概念。

新零售的前台由 3 个关键词组成：场景、消费者和商品。这也就是我们经常提起的"人""货""场"。

场景：新零售让消费行为变得无处不在

无论消费者身处的场景是哪里，都可以进行消费，从而将场景变为消费场景。而在这些消费场景中，移动终端、人工智能、VR 设备等现代科技成果都将发挥巨大的作用。

消费者：消费者画像不是一个新鲜话题

在传统的零售模式中，大多数企业也会对消费者进行画像，但是效果差强人意。因为在传统零售模式下，消费者画像从难易程度和精准程度上都无法让企业感到满意。而在新零售模式下，使用大数据技术，零售企业轻而易举地就可以对消费者进行画像，并且得到的结果非常精准，如消费者的年龄、性别、姓名、工作、兴趣、所在地、消费习惯等。至此，企业完成了消费者的数字化。

商品：新的模式还将会带来新的消费诉求

在传统零售模式中，消费者对商品的诉求主要是性价比方面的诉求。在新零售模式中，消费者的诉求不仅是商品的性价比，还包括商品的个性化专业功能，以及在商品背后的社交体验、价值和文化的认同以及参与感等。同时，消费者也开始追求在不同场景下的全渠道无缝对接、满足自己个性化需求的服务、更加便捷的体验和交付方式。事实上，新零售带来的是对"人""货""场"的重构。

当我们将有关新零售的酷炫概念抛开之后，新零售其实并不难理解。用较为通俗的语言将其本质描述出来，**那就是从消费者需求出发，利用新技术、新商业模式满足消费者现有的需求，同时创造新需求，然后再满足这些新需求，从而实现消费者的新消费。**

目前，珠宝产业已经有一些企业开始尝试新零售。

2017 年 5 月 7 日，中国珠宝龙头企业周大生与阿里巴巴集团旗下 B2C 平台天猫（TMALL.com）达成为期 5 年（2017—2021 年）的战略合作，双方将在品牌建设、渠道管理、产品创新等领域展开深入的战略合作，并正式签署战略合作协议。这也是周大生在 2017 年 4 月 27 日 A 股成功上市后的首个重要动作，意义非凡。

基于此次战略合作，双方还将开启新零售的又一个全新尝试。据悉，周大生 2.0 版的智能体验店将在签约当天揭幕，店内"智能魔镜"导购将全面升级，消费者可以通过 AR 交互技术身临其境地感受项链、戒指等珠宝饰品"虚拟试戴"的惊艳效果。

业内人士指出，传统珠宝品牌在线下面临用户老化等问题，周大生以"智能魔镜"导购亮相 2016 年"双 11"后，品牌形象全面刷新，成为珠宝产业创新的先行者。周大生在新零售上的尝试也与阿里巴巴不谋而合，与天猫就新零售展开全面合作势在必行。

从"拥抱"到"热恋"，周大生和天猫只用了不到一年的时间。2016 年，周大生与天猫在线上展开深入沟通，双方对线上零售及全渠道的规划高度契合。

周大生珠宝董事长周宗文表示，创新思维和优质服务是周大生一直以来秉承的宗旨，周大生的智能门店将给顾客带来全新的购物体验，与天猫携手将会更好地将品牌创新智能门店、全渠道战略提升到一个全新的高度。

过去几年里，"周大生"品牌的市场占有率非常可观。2014—2016年，周大生电商销售收入分别为2241.56万元、12259.19万元和22069.99万元。周大生线上店铺的销售业绩从最初每月30多万元增长到每月超2000万元，对公司的业务规模及盈利产生了积极的促进作用。2016年"双11"，周大生在天猫的销售业绩连续稳居行业前三名。

面临越来越激烈的行业竞争，周大生始终努力通过优质的产品及服务、创新的经营理念及策略赢得消费者的青睐。从1999年在北京王府井百货开设第一家专柜，到如今覆盖全国，拥有2456家终端门店，周大生凭借品牌、渠道、产品、供应链整合、标准化运营等优势，市场影响力和竞争力不断提升，已经成为珠宝产业当之无愧的龙头企业。

2016年，周大生抓住消费者选购珠宝的痛点，大胆提出"让选择变简单"的消费理念，根据不同的场景匹配了适合的珠宝，推出"情景风格珠宝"，以此让消费者快速挑到适合自己的珠宝，让选择变简单。

2017年上半年开始，周大生又推出了高端社交珠宝"界"系列，填补珠宝非婚嫁市场的空白。"界"系列根据约会场景，推出了玫瑰金镶嵌，大胆的设计以及独特的含义，一经推出倍受年轻消费者的青睐。据了解，接下来"界"系列还将根据派对场景推出更具特色的产品款式，吊足了消费者的胃口。

为了给消费者带来更好的体验，周大生将在后期推出珠宝全定制服务，即消费者可以根据自己的故事或想法，表达自己的诉求，由品牌专业的设计师团队基于消费者的诉求提炼设计灵感，为消费者深度"定制"，提供独一无二的设计。

　　周大生董事长周宗文先生在致辞中，先表达了对阿里巴巴集团来宾的热烈欢迎，然后在签约仪式中说道："我相信，阿里巴巴与周大生的携手，是创新产业与传统零售的完美结合，也是零售业未来发展方向。周大生有幸代表珠宝产业率先踏出这一步，既是幸运也是责任，我们将不辱使命、砥砺前行！"

　　从这个新闻中，我们可以看到周大生珠宝的几个"新零售化"尝试。

　　第一，科技化：周大生创立了"智能魔镜"导购，店内消费者通过 AR 交互技术，能够感受"虚拟试戴"的强大功能。我们在接下来的文章还会专门深入探讨周大生的这一尝试。

　　第二，提升服务：消费者对珠宝选择困难确实是一个痛点，而周大生的"情景风格珠宝"根据不同的场景匹配了适合的珠宝，使消费者的选择过程变得简单而轻松，这正是新零售"以心为本"的体现。

　　第三，私人定制：未来将推出珠宝圈定制服务，消费者可以天马行空地提出诉求，由设计师提炼、修改和定制。

珠宝新零售战略：4 个思路

　　对珠宝产业来说，适时加入新零售体系也许是最聪明的选择。那么面对即将到来的这一转变，珠宝企业应该如何做好新零售呢？

　　4 个关键词：共享经济、轻资本运营、大数据与科技化。

　　这 4 个关键词也正是我们做好新零售的 4 个关键思路，如图 1-8 所示。

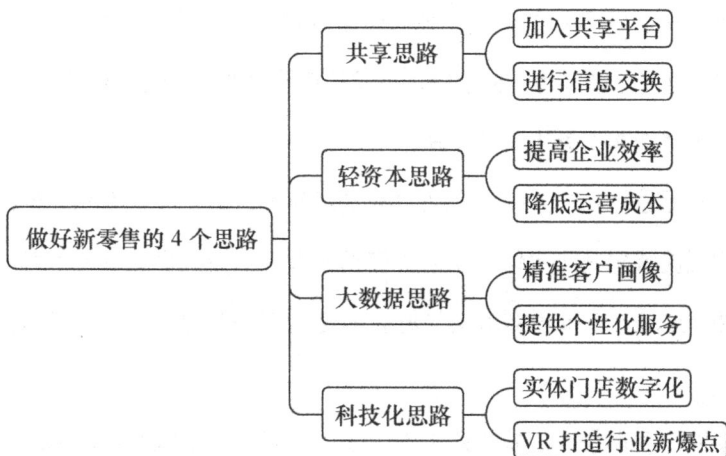

图 1-8　做好新零售的 4 个思路

享思路：实体珠宝门店加入共享经济

◆ 加入共享经济

从某种角度来看，新零售其实是一种共享经济，参与新零售的企业都将成为一个共享经济平台。**对珠宝企业而言，步入新零售就必须改变传统经营企业的思维，让企业从过去的单打独斗转变成一个共享的平台，重新定义企业在行业生态圈的位置。**

一家珠宝企业无论经营模式是什么，主打的产品是什么，都无法改变它是一个"平台"的本质，因为它必然连着多变的市场。

在新零售模式到来之后，珠宝企业的"平台"属性不会发生变化，但是在平台属性的基础上会多加一个功能，这个功能就是赋能，从而让企业变成一个共享经济平台。

如果我们关注近两年的商业环境动态，就会发现一个非常有趣的现象：**无论从事的行业是什么，只要采用共享经济模式，在行业内就一定有独角兽企业。**

从单车到汽车、雨伞到充电宝，越来越多的行业和企业加入到了共享经济中，这说明共享经济已经成为一种趋势，也成为新零售珠宝企业的发展方向。

◆ **新零售帮助企业走入共享经济**

每个人都是自私的，每家企业也都是自私的，这是一种天性。经典博弈论模型中的囚徒博弈其实也体现了人类自私的天性。而共享经济要求参与者改变这一天性，这是一个非常艰难的过程，但是新零售的出现让这件事情变得简单了很多。

从某种角度来看，在共享经济中，每个参与的企业依然是自私的。**但是新零售共享经济让"利他"成了实现自己利益最大化的最好方式。企业通过新零售模式加入共享经济，虽然需要和其他人分享一部分资源，但最终结果是朝着利润最大化前进，这就为企业加入共享经济清除了障碍。**

目前，已经有相当多的行业迈入了共享经济时代，珠宝产业在这方面则显得有些落后，还没有非常典型的案例。不过，在其他零售行业中，成功的案例非常多，这些企业的例子值得珠宝企业借鉴和思考，如日本著名的7-ELEVEn。

7-ELEVEn是日本非常有名的连锁便利店，门店遍布世界多个国家，中国也有不少。

在日本，7-ELEVEn建立了一个规模庞大的商业生态链，共有40多万人参与其中。不过，在这40多万人里，直属于7-ELEVEn本身的只有8000人，剩下的人都是借助7-ELEVEn提供的平台，加入这个商业生态链当中，其中包括制造商、加盟商、运输商等。

实体零售业最近几年不景气已经是不争的事实，然而就在这样的大环境下，2016年7-ELEVEn依靠8000多名员工赚取了近百亿元利润，这让很多零售企业倍感惊讶。7-ELEVEn 能够创造这么高的利润，依靠的就是共享经济。

因为 7-ELEVEn 在所构建的商业生态链中，除了连接多边市场外，还成了信息共享的平台。7-ELEVEn 拥有庞大的数据库，利用大数据技术，7-ELEVEn 将过去那些一直没有被重视的碎片化资源充分利用起来，和同样被忽视的碎片化需求进行匹配，实现了资源的最大化利用，从而提高了企业效率，实现了利润的最大化。并且在 7-ELEVEn 赚取利润的同时，加入商业生态链的其他企业同样获益，这也是 7-ELEVEn 模式可以持续的重要原因。

一家零售企业无论经营方向是什么，从本质上来看它都是一家平台型企业，连接多边市场的珠宝企业也不例外。而在新零售模式中，珠宝实体门店将会拥有更多的功能，成为另一个共享经济的平台，

实际上如果我们注意观察，无论是实体经济还是电商经济，它们在走向共享经济的过程中，每个行业类别中至少都会出现一家指数型组织或者被投资界非常看好的独角兽企业，并且随着时代的发展，这类企业的数量还在不断增长。**这就代表着指数型企业和平台型企业将是未来零售企业发展的一个方向**，也是马云所说未来新零售的一个发展方向。也只有加入了共享经济，零售企业才能实现从传统零售向新零售的转变。

如今共享经济在多个领域已经取得了非常好的成绩。它们通过让所有参与者将自己资产的所有权和使用权分离，在利他的同时利己，这些企业所做的就是给用户提供这样一个共享经济的平台。

对珠宝产业来说，加入共享经济，可以是珠宝实体门店在开启自己网上门店的同时，加入大数据、共享式的珠宝平台，而珠宝平台则为所有门店提供媒介，这就形成了珠宝产业基于共享的有力平台，无论对珠宝从业者，还是对消费者

而言，都是非常有利的。

🔍 轻资本思路：降低成本、提高效率

◆ 企业竞争的本质：效率和成本

新零售将会彻底推翻传统珠宝零售模式，改变珠宝零售业的现状，就像当初电商的出现一样。但是无论新零售怎样变化，它的参与主体依然是企业。企业之间的竞争本质其实就是效率和成本，珠宝产业也不例外，如图 1-9 所示。

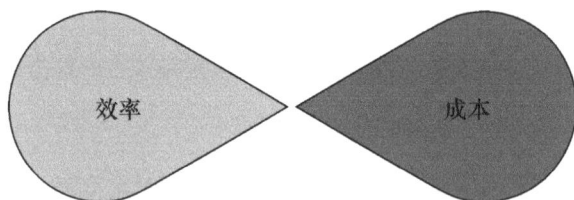

图 1-9　企业之间的竞争本质

在传统珠宝零售模式中，竞争似乎与效率和成本并没有太大的关系，只和规模有关。所以过去无数家珠宝企业想尽一切方法开设新门店，扩大自己的规模。但是这种做法更多的是降低企业效率，增加企业成本。

显然，依托大数据的珠宝新零售必然不会采用这种方式提高企业竞争力。**珠宝新零售会回归竞争的本质：效率和成本。即通过线上与线下结合，在大数据的帮助下，利用现代化物流提高珠宝企业效率，降低企业成本**。如之前提到的 7-ELEVEn 所采用的模式，这种模式让 7-ELEVEn 实现了零库存和轻资产的目的。

◆ 降低企业成本

运营成本过高已经不是单独困扰珠宝产业的问题，而是传统零售企业共同

面对的问题。所以，新零售要求企业走轻资本路线，从而降低资产运营，提高企业效率。与珠宝产业传统门店式销售相比，"轻资本思路"是新零售模式的一大优势。珠宝企业在减轻负重的同时，也提高了企业的抗风险能力。

现如今，珠宝产品消费人群正在往低龄化和时尚化发展，曾经每年五一、十一两个适合婚嫁的节日会掀起珠宝产品的购物狂潮，现在已经增加到多个节日，如七夕、圣诞节、情人节等，在这些节日中，珠宝产品的销量都会大幅上升，并且中国女性拥有首饰的数量远远低于世界平均水平，因此珠宝市场在未来存在巨大潜力。

中国电子商务研究中心公布的数据显示，在国内，珠宝产品与服装、3C 类产品相比，通过电商购买的比例要低很多，即使是中国珠宝产业的龙头企业，电商销售额占总体销售的比重也仅为 1%，低于美国同行业企业的水平。

目前，通过移动互联网进行网购的用户已经占网购总人数的 76.42%。对珠宝产业来说，已经到适婚年龄的 80 后、90 后是重要的消费群体，这类年轻的消费者容易接受新鲜事物，喜欢尝试多元化的购物方式。

传统的 PC 端订购已经满足不了这类年轻群体的消费需求，移动互联网的迅速发展成为珠宝企业与消费者进行亲密接触的又一个重要渠道。

一位珠宝商曾经向我抱怨，他有 3 家销售门店，一个月下来，只是租金加人员费用成本就有 30 多万元，压货费用动辄数百万元，市场一旦出现问题或者资金周转不畅，自己就难以承受了。

而轻资产运营意味着珠宝企业需要学会与他人合作，自己只做最擅长的事情。这种做法不但可以减轻企业的运营成本，还能让珠宝企业将所有资源和精力都集中在核心业务上，更有利于企业未来的发展。

一直以来，传统珠宝企业如果想要扩大自己的规模、提高利润，最常规的做法就是不断开设分店，这其实就像一道简单的数学题：一家珠宝门店年盈利100万元，企业想要盈利1亿元，就需要开设100家分店。

但是最近几年，很多珠宝企业陷入了闭店潮，这和这些企业盲目扩张不无关系。因为传统珠宝企业在通过扩设分店进行扩张的同时，成本也在不断增长。这些问题都是珠宝企业潜在的危机。

在新零售中，传统珠宝企业将会变成一个共享平台。一家企业与不同企业展开大量的合作，那么一家企业所覆盖的领域也将大大增加。此时，传统的金字塔管理结构无疑会让企业管理效率大大降低，同时珠宝企业也没有足够的人力和精力处理好所有事情。而轻资产运营要求珠宝企业除了自己的核心业务之外，其他业务能够外包就外包，这样在降低企业运营成本的同时，提高了企业效率，让企业在市场竞争中更具有竞争力。

大数据思路：整合大数据的力量

要做好新零售，大数据思路是必不可少的思路，甚至是核心思路。

"大数据"概念最早提出于2008年，距今已经有10多年的时间。在这10多年时间里，我们看到了互联网时代的高速发展，而随着互联网一步步走进我们的生活，大数据也越来越成熟，被广泛地应用在众多领域中，其中就包括零售业。而在马云提出的新零售模式中，大数据更是起到了推动模式运转的作用。

有关大数据最为出名的例子就是"啤酒＋尿布"的故事：沃尔玛的一位管理人员偶然发现啤酒经常会和尿布出现在同一购物篮里。在发现这一现象之后，稍微思考就会找到其中的原因，带孩子的母亲让年轻的父亲去超市购买尿布，父亲则会在购买尿布时顺便为自己买一些啤酒。发现这一现象后，这位管理人员便将尿布和啤酒摆在了一起，结果两种产品的销量都得到了提升。

这个例子已经是二十年前的例子，虽然当时大数据的概念还没有提出，但这并不妨碍它对零售业发挥的作用。

如今，随着互联网进一步深入我们每个人的生活，大数据的作用也不仅限于发现"啤酒＋尿布"的商品搭配组合。在新零售模式中，它的另一个作用就是为顾客提供个性化服务，提升顾客的购物体验，而这些需要通过大数据才能得到精准的消费者画像。

无处不在的互联网为有关顾客的大数据提供了有力的支持，通过大数据我们可以画出每位顾客的精准画像：我们知道顾客是谁；知道他们是否有孩子；知道他们的工作；知道他们的消费能力；知道他们的信用高低；知道他们的兴趣爱好；知道他们的购买习惯……

在新零售模式中，珠宝企业将是一个共享平台，因此当我们得到顾客画像之后，这些数据都需要共享给参与共享平台的每个成员。

因为未来的顾客将会不分时间、不分地点地出现，所以无论何时何地，只要顾客有了消费需求，商家就必须"抓住"顾客，这就需要非常清晰的顾客画像的支持，而企业共享给商家的数据越多，商家掌握的顾客画像就越准确。

同时，虽然现在已经进入互联网和大数据时代，但是单一企业或者商家掌握有关消费者的信息都是信息碎片，所以单独靠一家企业、商家或者一种渠道方式很难建立一个足够清晰的顾客画像，只有将多方面获得的信息汇聚在一起，这些信息才能最大限度地发挥其作用，这也是大数据的意义。

首先，将大数据和人工智能配合，在实体门店建立起一套客户数据体系，

全面了解每天进入实体门店客户的数量、进入的时间、选购的产品等信息。

其次，利用大数据从线上和线下两个方面采集客户数据，包括基础数据，如姓名、性别、年龄、居住位置等，还有个性数据，如消费能力、消费习惯、兴趣爱好等。

再次，实体门店通过大数据和人工智能的配合，可以有效判断客流的分布和变化，掌握客户在实体店购物的全过程，可以从中发现机会或者问题。

最后，当零售企业利用大数据技术，将收集的客户信息进行综合分析之后，就可以找到数字化客户的特点，并且进行数字化管理，继而实现以一切客户为核心，通过提供个性化服务提升客户购物体验的新零售模式。

没有大数据就没有新零售，这是所有需要开展新零售转型的企业必须重视的。

科技化思路：珠宝销售也要同步"绑定科技"

◆ 科技：新零售的"后台"

阿里研究院在发布《新零售研究报告》时，曾专门阐述新零售的后台概念。

新零售后台，通俗地说就是基础设施搭配各种新技术与"黑科技"。**新零售后台的基础设施包括工业基础经济设施和数字基础经济设施，"黑科技"则包括数据技术、人工智能技术、VR 技术、3D 打印技术等，用技术改变传统企业习惯和思维。**

如 3D/4D 打印可以改变传统企业商品的生产方式；AR/VR 技术的应用可以给消费者带来虚实结合的购物体验，改变传统零售企业的运营思维；传感器和物联网在实体门店的应用将改变传统企业对购物体验的认知，同时也将提高企业的运营效率，减轻企业负重。

科技已经成为推动商业模式发展的重要力量，新零售模式的诞生也是借科技发展的力量推动的，如大数据技术、人工智能技术等都是科技进步的产物。

显然，未来科技的力量对商业模式的影响只会越来越深远。因此，在新零售时代，珠宝企业必须学会接受科技，并且要学会将这些新科技为自己所用，才能真正进入、融入新零售时代。

◆ 实体门店的数字化

在未来的新零售模式中，实体门店数字化是新零售的核心要素，也是其在未来竞争激烈的市场中赖以生存的保障。这里的数字化并不是简单地将店内商品数字化，如今很多零售企业已经完成了这一改变，这里的数字化指的是让门店的顾客数字化。

与网络销售门店相比，实体门店在收集顾客信息上有着非常大的劣势，很难收集准确的消费者信息，大数据也就无从谈起，新零售模式无法展开。所以在新零售模式中，实体门店实现顾客数字化就是非常重要的一环，而实现这一点就需要借助人工智能的力量。

Farfetch 是一家全球性的零售企业。就在不久之前，Farfetch 的创始人 José Neves 提出了"未来之店"的概念。在"未来之店"中，服务人员将由智能机器人担任，这些机器人会通过面部扫描技术识别不同的顾客，以匹配该顾客的相关信息，并且解读顾客的当前情绪，为顾客推荐最适合的商品。当然，机器人也会记录这次购物的一切数据，如顾客在门店浏览了哪些商品、试穿了哪些商品，并自动为顾客推荐其可能喜欢的商品，而产品的配送将会由无人机完成。

在向大众介绍"未来之店"后，José Neves 还向媒体表示虽然如今电商对实体门店造成了非常大的冲击，但他是坚定的"实体店"支持者，他坚信未来零售业必然会有一次新的革命，而实体店就位于这场革命的中心位置。显然，José Neves 的观点和新零售模式不谋而合。而 Farfetch 的"未来之店"也充分利用了在新零售模式中所强调的人工智能技术。

◆ 绑定科技

"科技改变时代"，我们每个人现如今对此都应该有同样的体会。因为无论我们居住在哪里、从事什么工作，只要生活在现代社会，就都是科技进步的受益者，可以深刻感受科技对时代产生的影响。正因为如此，现在无论哪个行业的发展都无法和科技脱节，零售业也是这样。因此，在未来的新零售模式中，绑定科技将成为大势所趋。

在珠宝产业中，周大福早在 2015 年就开始和科技结合，建立了科技体验店。

当传统零售巨头纷纷向 O2O 进军，全面展开线上、线下的互融工程时，珠宝大王周大福也在悄悄发力。

最新消息显示，周大福华中地区的几家店铺如光谷店，就专门设置了体验区，方便消费者线上下单，线下购买。

周大福首家珠宝科技体验店暨全国最大的形象旗舰店——武汉光谷店，融合了多重科技元素，旨在向消费者提供前所未有的珠宝消费新体验。在光谷店设置了互动橱窗、电子迎宾、虚拟体验墙、3D 导购机等极具互动性与趣味性的电子设备，将周大福强大的线上电子商务平台与线下的全球 2000 多家实体门店无缝连接，使消费形式实现多样化的同时为消费者创造轻松、便捷的购物环境。为了增强消费者的良好体验，让购买过程更加愉悦，3D 智能导购机也进入专门店，便于每样精美的珠宝都可以 360 度地展现它的魅力。

在店内的体验区，消费者可以鲜明地看到几台时尚的电脑，这些电脑可以方便前来门店的珠宝购买者在线上浏览各种产品，当他们看中满意的商品后，即可网上支付，提货方式分为两种：一种是柜上自提，另一种是送货服务。

周大福考虑到线上消费者与线下消费者的购买倾向有一定的差异，目前线上的商品价格大多集中在 3000 元以下，从购买者的年龄来看，主要集中在 20 ~ 40 岁。

另外，有文章则具体描写了周大福体验店的情况："在店外设置的互动橱窗不仅拥有展示功能，还搭载了自助选购的便捷服务，同时植入虚拟试戴、体感游戏的科技体验，让路过的顾客在不自觉间被深深吸引；而店内的电子迎宾可以让顾客只需手指触控或轻轻挥手，便能感受自助查询、智能导购、珠宝顾问的无限魅力。另外，还有互动体验墙为您 360 度全方位展示丰富的产品，带您穿越华贵馆、婚嫁馆、卡通王国等不同主题的周大福珠宝世界；而 3D 智能导购机则通过 360 度全息炫立方让您可以任意视角鉴赏产品，屏幕边缘的二维码还可直接带您走进 e-shop 去预订。"在这里，我们感受到的是珠宝店和科技结合的美妙。

🔍 案例分享：广东卓尔珠宝对新零售的实践探索

中国珠宝行业是一个非常传统的行业，加盟、连锁、直营等传统的线下销售模式一直未被市场打破。互联网和移动互联网终端的普及为传统行业的营运管理和销售模式带来了新的转机。

◆ 如何理解珠宝行业的新零售

中国珠宝行业发展了数十年，受到几次市场大环境的影响，在摸索中不断进化。随着互联网和移动互联网的崛起，电商、微商相继成为新的珠宝零售渠道，为实现珠宝人人零售带来了可能，而传统加盟和连锁店因体验感的强化并未被新渠道取代。

传统零售的发展要寻找动力机制，以往全国社会零售总额的增长率大概是10%，但是网络零售每年同期增长率最低仍超过26%。全球实体零售发展放缓，亟须寻找新的增长动力，中国实体零售发展处于初级阶段，流通效率偏低，缺乏顶级零售品牌及多元零售形态。在这种新的市场环境下，珠宝行业的新零售模式不应该被简单地看成电商和线下店联合的经营模式。**在"人""货""场"的管理中，传统店面的单一产品销售模式被打破，孕育而生的跨界销售日渐成熟，通过零售相关产业的融合、跨界，以消费者体验为中心、以数据为驱动力，如今实现零售新时代的转型。**在此方面，卓尔和迪士尼的品牌结合，婚纱店和珠宝的植入等都是泛零售的事件。

在市场竞争中，珠宝行业营销模式到市场运营到流通链条再到生产模式，正在以消费方式逆向牵引或引导生产方式的形式转变。中国珠宝市场广阔，需求量随着中国人均购买力的提高而增加，珠宝产品也已经从奢侈品转移成日常消费品。在婚庆市场，人们已经不再满足于以黄金作为主要购买的产品，钻石镶嵌类的产品已经成为消费主流。

在互联网崛起的时代，随着新技术的不断提升和运用，商家将为消费者提供个性化定制及感官上的新销售体验。近年来，3D打印、人工智能、AR/VR虚实结合的体验技术越来越成熟，但在运用上还未得到有效推广。随着科技进步，相信在不远的将来，这些技术会在销售渠道上有不俗的表现。

◆ 卓尔珠宝的新零售核心

"新零售"的核心要义是推动线上与线下的一体化进程，其关键在于使线上的互联网力量和线下的实体店终端形成真正意义上的合力，从而完成电商平台和实体零售店面在商业维度上的优化升级，同时促成价格消费时代向价值消费时代的全面转型。此外，**新零售就是"将零售数据化"，将新零售总结为"线上＋线下＋物流，其核心是将以消费者为中心的会员、支付、库存、服务等各方面数据全面打通"**。纵观整个珠宝行业，货品同质化严重、库存积压、资金周转困难、营运管理乏力、培训费用高昂等都是珠宝企业正在面临的难题，因此，卓尔珠宝近年来一直致力开发、建立和推出珠宝终端销售系统，为卓尔珠宝带来品牌运营升级——建立互联网大数据支持、O2O 销售平台、粉丝经济营销，客户关系管理等方面的升级；根据市场需求开发新产品，打造品牌销售体验的仪式感，运用各种新媒体宣传工具与消费者沟通；规范加盟体系，升级品牌终端形象等一系列惠及加盟商和服务消费者的举措，强势推进卓尔珠宝加盟商转型升级。

◆ **卓尔珠宝大数据汇集——RFID 智能珠宝管理系统**

大多数的传统珠宝零售企业存在专卖店柜台盘点的问题，体积小、数量多的贵重珠宝产品通过少量的营业人员手工操作完成，造成盘点工作费时巨大，一家珠宝品牌店进行一次盘点工作，平均需要 5 小时。盘点效率的问题导致珠宝店无法做到每日或者每周盘点，同时其各项指标和参数既烦琐又专业，且人员较杂时容易丢失而导购员不能快速响应，这种完全依靠人的经验和能力的管理销售办法在很大程度上制约了企业的业务扩展与客户体验。而卓尔珠宝 RFID 智能珠宝管理系统可以做到智能门店管理。

第一，防。通过 RFID 标签，实现防伪功效，统一品牌货品管理，增强消费者对产品及对品牌的信任。

第二，服务。通过大数据，一来可发展会员管理，建立粉丝经济，导入卓尔珠宝 VIP 管理体系；二来提高消费者体验，通过互动，展示更多商品，快速响应消费者需求以提高服务水平，提升门店销售额。

第三，**快**。物流网 RFID 标签、智能看货盘、智能珠宝管理系统结合使货品交接盘点大大加快，提高了物流作业效率。

第四，**准**。物流网 RFID 标签、智能看货盘、智能珠宝管理系统结合使数据更准确，在供应链的各个环节对卓尔珠宝的流通（入库、出库、销售、调换）数据采集准确。大数据能收集已经发生的信息变化，进而分析正在发生和将要发生的趋势，让卓尔珠宝采取相应的措施，确定需要做什么。企业的战略方向精准了，才能有效提高企业利润。举个例子，实体店的辐射半径是 1 ～ 10 公里，而网店面向的是全国乃至全球的市场。实体店卖的东西需要贴近当地市场需求；网店卖的东西要做爆款。辐射范围变了，产品会变，库存也会变。所以设计很重要，如何瞄得准？答案是必须瞄准消费者的数据，从而实现精准化营销。

◆ **品牌核心差异化——从见证到成就**

改革开放后，珠宝出口的传统模式是送货上门，因金融危机、地质灾害等导致许多主营出口贸易的珠宝厂无法收回压在客户的货款，纷纷破产。此时，卓尔珠宝却觉得这个模式可以在中国市场运用。于是，这样的创新与转型让卓尔珠宝成为珠宝行业中第一个"吃螃蟹"的人，不但成功避险，还开启了卓尔珠宝自主品牌的新道路。2000 年，卓尔珠宝在北京、大连、上海等地参加展览，推出"闪钻"系列产品，并推出产品终身服务的经营模式——7 保服务，在行业引起巨大反响。这就是见证卓尔珠宝与其他品牌最典型的核心差异化。但随着品牌的同质化、山寨化，导致品牌审美乏味，竞争水平低下。伴随互联网的发展，传统的营销模式和策略已经不能满足珠宝行业的发展，单凭以上的差异化已经满足不了卓尔珠宝的发展，卓尔珠宝转型势在必行，而卓尔珠宝新零售模式的建立是奠定成就的基石。

从 2018 年起，卓尔珠宝在核心文化中加入了新的含义，"喜悦""爱""幸福"成为核心。为保证新零售的顺利执行，卓尔珠宝内部通过加强文化管理，从为加盟商、消费者服务的角度定义新零售的概念，使"人""货""场"的内容更加丰富。

◆ 产品的差异化与服务内容

产品结构决定利润空间，新零售是以消费者为中心，因此个性化定制必是未来的趋势之一。产品应该是"标准化 + 个性化"，而这种标准化制定是由大数据提供的。只有这样的结合，才能实现卓尔珠宝的差异化并且满足客户需求。除了卖产品，珠宝企业还需要卖服务，提供定向折扣和个性化（加盟商）定制服务，以及灵活的第三方支付方式，从而满足甚至超出客户消费需求预期。

2018 年，卓尔珠宝通过整合上游资源，同比利时安特卫普合作，引进了新型的钻石切工"比翼钻"，并在第一季度的推广上取得了不俗的业绩。

卓尔通过与电影 IP 的合作，实现了产品的差异化，在电影《建军大业》曝光使加盟商的单店人流增加，形成良好的销售势头。

◆ 渠道的差异化——跨界营销的运用

跨界营销也属于泛零售，包含在新零售模式内。卓尔珠宝在跨界运用上实现了与迪士尼的合作并已经卓有成效，建立了一定的客户群和市场。在此基础上，应用新零售模式，**把持不同偏好的消费者拥有的共性和联系与一些原本没有联系的要素融合、延伸，从而实现跨界联合企业的市场最大化和利润最大化**。

在渠道的跨界上，卓尔珠宝正在努力拓宽思路、大胆尝试，2018 年实现了与婚纱店联合销售的模式，并在部分地区推广，这种大胆的尝试为实现渠道跨界迈出了重要的一步。

◆ **品牌服务差异化**

作为品牌运营商，为了更好地服务加盟商，卓尔珠宝于 2018 年提出"一切以加盟商为核心"的理念，为了做到真正解决终端门店所遇到的瓶颈，使珠宝新零售落地，卓尔珠宝运营中心制定了金牌店长植入模式、带货到店销售模式、线上线下店长群培训模式，实现货品支持、人员培训、活动策划、运营管理一站式服务，为加盟商经营带来真正的便利。

◆ **结语：卓尔珠宝的未来**

目前，一、二线城市的市场品牌商众多，包括国内外高端及中高端品牌，供给相对饱和；三、四线城市主要被小型、区域性的品牌占据，全国性的品牌较少，竞争尤为激烈，而中国珠宝市场又面临新零售改革，势必带来一定的冲击，未来品牌商的渠道下沉及行业整合是大势所趋。中国经济在逐渐繁荣起来，三、四线城市正跨越人均 GDP5000 美元的门槛，消费升级趋势明显，包括黄金珠宝在内的可选消费品的需求增速明显提升，而卓尔珠宝一直定位于二、三线市场，在地利上已经占据市场优势。相信在不远的将来，随着卓尔珠宝新零售模式的推行，卓尔珠宝必将会和珠宝行业的众多品牌一起创造更多的传奇。

第2章

珠宝＋新零售：

最古老的行业 VS 最年轻的形式

　　随着80后、90后成为新一代的消费中坚力量，珠宝已经不再是只在结婚时才会购买的商品，年轻消费者将珠宝由原来的奢侈品变为饰品、礼品，从而成为生活必需品。

　　珠宝＋新零售，正是最古老的珠宝产业和最新的商业模式的碰撞。如何加入新零售？怎么做好新零售？你准备好了吗？

核心：以消费者为核心，不仅仅是句口号

中国珠宝消费者的5个层级

美国心理学家亚伯拉罕·哈罗德·马斯洛（Abraham Harold Maslow）于1943年在《人类激励理论》一文中将人类的需求分为5个层级，**这5个层级由低到高分别是生理需求、安全需求、社交需求、尊重需求和自我实现需求。**马斯洛的需求层次理论得到了广泛的认同，并且被应用在众多领域。所以，对消费者来说，马斯洛的需求层次理论也同样适用。

消费者处于不同的需求层级时，无论是消费思维还是消费习惯都有很大的不同。因此，我们可以根据消费者处于不同层级时思维和习惯的不同，将珠宝市场的消费者划分为5个层级，如图2-1所示。

性价比需求。处于这个层级的珠宝消费者对产品的关注点主要在于产品本身的价值，不考虑任何溢价因素。例如一位处于这个层级的消费者在购买黄金产品时，首先考虑的是产品重量、实时金价，对产品价格的认定是以"克"计算的。产品设计、品牌并不在他们的考虑范围内。

品牌需求。这个层级的消费者已经不再只考虑珠宝产品的本身价值，而是更看重珠宝产品的品牌，甚至品牌因素会对消费者的购买决策起到决定性作用。

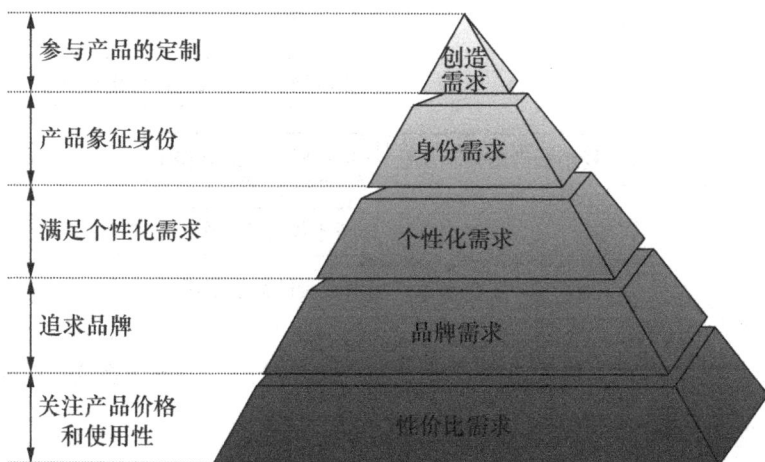

图 2-1 消费者需求层级

个性化需求。处于该层级的消费者更关注珠宝产品是否能够满足自己的个性化需求。如果珠宝产品能够满足自己的个性化需求，消费者就愿意购买产品，简单地说就是"只买自己喜欢的"。

身份需求。此层级的消费者选择珠宝产品时会考虑该产品是否符合自己的身份，或产品是否能够在他人面前提高自己的身份。所以，他们购买产品首先关注产品是否和自己的身份相符，再考虑产品的款式设计自己是否喜欢。如果一件珠宝产品虽然符合他们的审美，但它是低端产品，那么这样的产品就不在他们的考虑范围内，高端品牌才是这类消费者的第一选择。

创造需求。拥有创造需求的消费者通常有较强的经济实力，对他们而言，现有的产品已经无法满足他们的需求，因此，他们希望自己能够参与产品的设计，或者产品要按自己的要求量身打造，即这类消费者更喜欢私人定制。

随着消费者地位的不断提高，企业了解消费者的需求也变得越来越重要。**对珠宝企业来说，了解消费者需求，首先要确定自己面对的消费者所处的需求层级。** 现在我们就来看看中国珠宝市场消费者所处的需求层级，如图 2-2 所示。

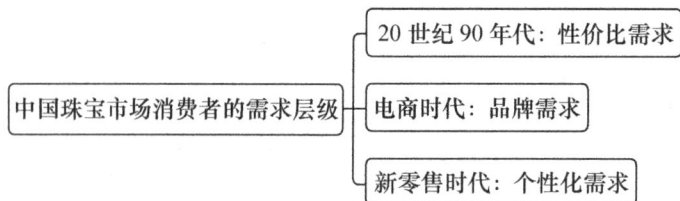

图 2-2 中国珠宝市场消费者的需求层级

20 世纪 90 年代，中国珠宝产业正处于起步阶段，中国消费者的生活水平远低于现在。珠宝产品在普通消费者眼中还是奢侈品，因此，在购买珠宝产品时，消费者首先考虑的就是产品的性价比。这时的消费者就处于性价比需求层级。

在电商时代，品牌需求是中国消费者的主要需求。在过去，很多小城市的珠宝市场相对狭小，而互联网的出现，打破了地域限制，增强了企业与客户之间的互动，使珠宝市场的范围进一步放大。例如，国内一线珠宝企业周大福的知名度和信誉度都比较好，客户很认可这个品牌，但是因为周大福实体门店大部分是在一、二线城市，受到地域的限制，其他地方的消费者无法购买其产品。然而，互联网的出现改变了这一现状，只要消费者能够上网，就可以通过网络购买周大福的产品。

在步入新零售的今天，中国消费者的生活水平已经有了极大的提高，珠宝产品也从过去的奢侈品变成了普通消费者可以随意购买的产品。随着生活水平的提高，中国消费者也越来越追求个性化。因此，如今大多数消费者处于个性化需求层级。

他们在乎珠宝产品本身的经济价值，在乎产品是否为自己所喜欢，在乎产品是否能满足自己的个性化需求，而不在乎产品的品牌。特别是年轻的消费者，他们对传统珠宝企业的营销宣传手段已经厌倦，对那些大众品牌也失去了兴趣，这给珠宝新品牌和小众品牌创造了发展的机会。

从关注需要到关注想要

在过去，一部分珠宝企业已经意识到了消费者将会在未来的市场交易活动中的地位越来越高，所以这些企业非常关注消费者需要什么，然后在消费者需要的产品上多下功夫，以此获得消费者的关注。

这种做法在过去是有效果的，但是当珠宝消费者需求层级上升到个性化需求之后，这种做法就开始失去作用。**因为此时的珠宝企业不但要关注消费者需要什么，还要关注消费者想要什么。**

很多消费者虽然有想要的珠宝产品，但是他们不会直接将想法告诉珠宝企业；虽然有时候消费者心里有想要的产品，但是他们自己可能未察觉这种想法。因此，**未来珠宝企业要更关注消费者想要什么，挖掘消费者内心深处的想法。**

挖掘一个可能连消费者自己都没有意识到的想法，不是一件容易的事情，不过值得庆幸的是新零售出现了。**新零售是以消费者为中心、以大数据为驱动的零售模式，而大数据就是挖掘消费者内心想法的最好工具，也是帮助珠宝企业打开消费者内心的一把钥匙。**

当珠宝企业知道了消费者想要什么，剩下要做的事情就是根据消费者的需要调整企业的经营策略，将自己的品牌和产品牢牢植入消费者的心中，将普通消费者转变为品牌和产品的忠实粉丝。

◆ 改变企业经营思维

从关注需要转变为关注想要，这虽然看上去并不复杂，但是对传统珠宝企业来说，这需要企业彻底改变过去的思维方式和经营方式。然而很多珠宝企业的管理者仅凭借自己过去的经验取得了一定的成就，就陷入了一种思维误区，认为以自己多年的经验就能很好地应对如今的时代，却不知道现在是一个瞬息万变的时代。虽然对传统珠宝企业来说，适应新时代并不是一件容易的事，但是如果适应不了，就只能被时代淘汰。

而一些珠宝企业面对新零售没有任何反应，不是因为它们不愿意改变。在这些企业眼中，新零售已经成为趋势，无法阻挡。之所以它们没有反应，是因为它们不知道如何反应，传统的经营思维已经限制了它们，所以当新零售将市场的规则完全打乱的时候，这些企业不知所措。

企业具有不服输、勇于挑战的精神是值得鼓励的，但是面对时代趋势时，就必须学会适应它。在新零售时代即将到来的今天，趋势不会给企业留下太多改变的时间，如果企业想要对抗趋势，只能被趋势淘汰。

◆ 建立完善的品牌架构

珠宝企业在完成从关注需要到关注想要的转变时，还应该建立完善的品牌架构，用品牌去影响消费者，这更有助于企业深入挖掘消费者对产品的想法。目前，中国已经成为世界最大的珠宝市场之一，但和庞大市场不匹配的是在世界高端珠宝品牌排行榜上很难发现中国品牌的身影。造成这种情况固然有大环境的因素，即中国珠宝市场的发展时间较短，而世界高端珠宝品牌动辄经营了百年之久，更为重要的原因是中国珠宝企业普遍缺少品牌意识。

虽然现在很多珠宝企业整日将品牌挂在嘴边，从表面上看非常重视品牌，但是实际情况并非如此。除了少数规模较大的珠宝企业在品牌建设上较为认真，多数中小珠宝企业完全没有建立品牌意识，甚至认为建立品牌就是营销，而整体企业运营更像传统作坊式运营。在这种思维的作用下，"品牌建设"就成了一个口号，而非企业的发展战略。

新零售是以消费者为中心，也就是说消费者在新零售中的地位将更加重要，所以珠宝企业适应新零售也要从消费者入手、以消费者为主导，打造完善的品牌架构。

目前，专做高端产品的珠宝企业业绩忽上忽下，而一些定位于大众消费品的珠宝企业（如佐卡伊）反而快速增长。

因此，珠宝企业品牌变革需要做的：**一方面是要紧贴大众消费，另一方面是要建立从上到下的完善的品牌架构。**

虽然珠宝企业为了寻求发展上的突破，可以尝试做一些高端化珠宝产品，但我们需要明白一点：**并不是说打造高端产品就能够提升自己的产品定位，产品定位是需要消费者认可的。**有时这种做法反而会起到负面作用，导致产品定位模糊，产品因此变得平庸。**所以，珠宝企业可以拓宽自己的产品种类，但产品的定位要准确，要保持产品定位不会随意变化。**

在未来，珠宝市场必然走向细分化市场。所以，珠宝企业可以尝试建立一个完善的品牌架构。从消费者角度考虑，珠宝企业可以根据消费者的需求不同划分多个细分市场。然后选择一个或者几个细分市场，针对细分市场的不同需求打造多个子品牌。

例如，以钻石为主的珠宝企业可以针对钻石不同的细分市场建立子品牌，以此将不同价值的钻石产品区分开。这样做既可以保持珠宝品牌的亲民化，又可以涉足高端产品领域，同时，按照不同目标人群划分出来的子品牌，可以提高其在各个细分市场中的竞争力。

电商的出现曾经让珠宝企业发现了一条新的道路，但是随着电商逐渐走向成熟，竞争也越来越激烈，而新零售将会开启珠宝产业的新时代。珠宝企业必须抛弃过去的经营思维，完成从关注需要到关注想要的转变，以消费者不同的价值对市场进行细分，打造出完善的品牌架构，这样企业才更具竞争力。

🔍 向一流设计看齐：打造最适应时代的珠宝设计

◆ 适合时代的珠宝设计

珠宝是一种和"美"息息相关的产品，因此，相信每家珠宝企业都会非常重视产品设计，所有的珠宝企业也都设置了珠宝设计师这个岗位。不过随着时代的发展以及环境的变化，消费者的审美也在不断发生变化。因此，珠宝产品的设计必须紧跟时代的潮流和变化，这样的珠宝企业才能在市场中长期立足，适合时代的珠宝设计如图 2-3 所示。

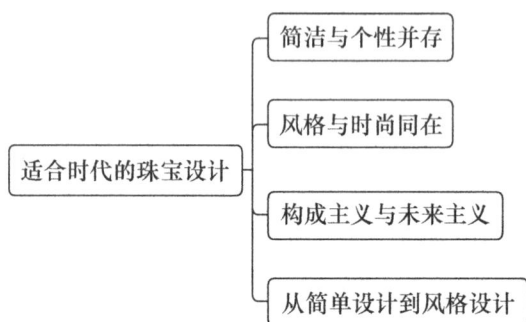

图 2-3 适合时代的珠宝设计

（1）简洁与个性并存

视觉的多元化使现代人见多识广，复杂、多余的设计已经无法再入消费者的法眼，最能吸引消费者的是简洁与个性并存的设计：简单、精致，百看不厌才是珠宝产品最终的追求。无论流行趋势如何变更、季节如何更替，经典的珠宝设计都不会显得过时且突兀。精巧的结构，以及几何手法体现出的理性风格，都是现代年轻人所追求的。

（2）风格与时尚同在

TASAKI 是日本的一个珠宝品牌，它的产品设计风格非常独特，曾经在时尚圈引起了轰动。珍珠给人的印象是典雅、端庄、正式，具备女性的柔和古典之美。但是，当珍珠和鲨鱼结合在一起，那会是什么样的景象呢？TASAKI 就曾经将珍珠、鲨鱼、珊瑚等元素结合在一起，竟然使珍珠焕发出前所未有的个性和叛逆之感。贵金属作为架构，模仿的是鲨鱼的下颚骨，精美的珍珠镶嵌在其中，模仿鲨鱼的牙齿。给人的整体感觉非常新奇，同时又能被各个年龄段的人接受，如图 2-4 所示。

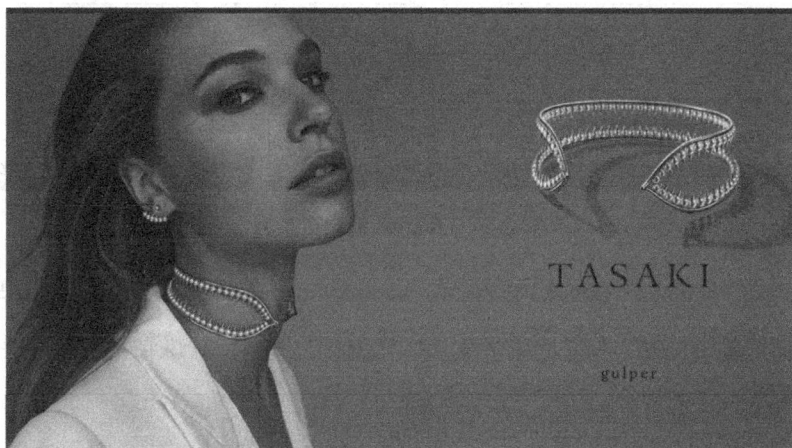

图 2-4　TASAKI

TASAKI 的另外一个系列：珍珠和可爱的小动物结合，使珍珠的古板得到了很好的调和，如图 2-5 所示。

平衡系列	优雅叛逆系列

秘密系列	心之火系列	危险系列

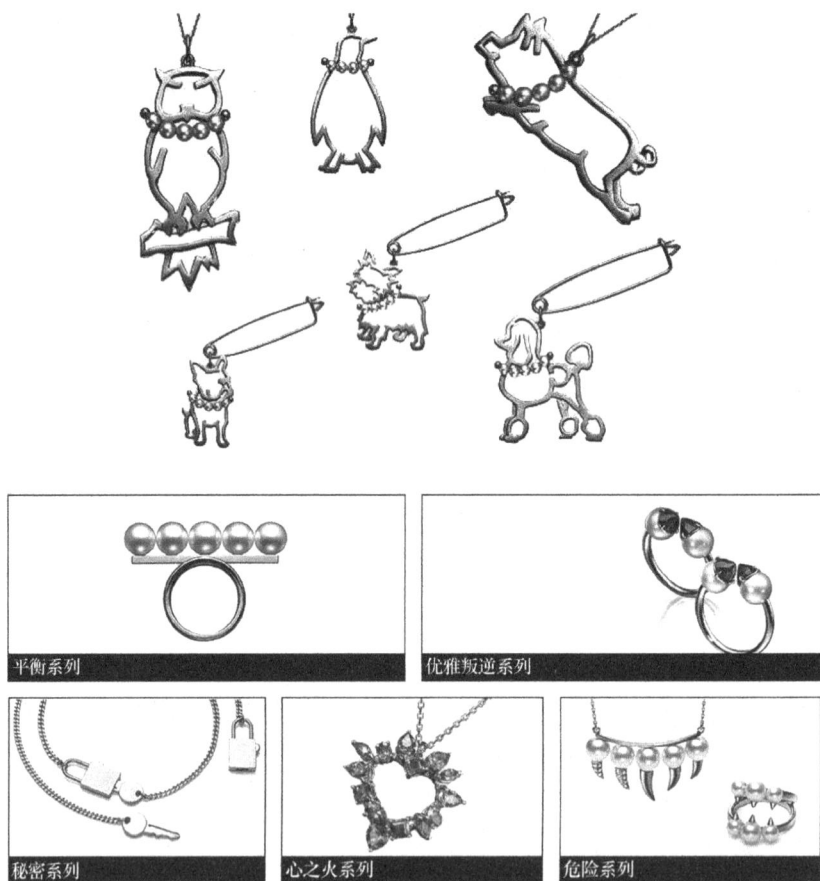

图 2-5　TASAKI 的珠宝系列

上面的几种设计看起来风格迥异，其实离不开几何手法的应用。TASAKI 的设计师把鲨鱼、猫、狗等元素抽象化、几何化，同时把珍珠和钻石、珍珠和贵金属等珠宝元素融合在一起，产生风格与时尚同存的效果。

（3）构成主义与未来主义

构成主义与未来主义是珠宝设计的两大趋势。

未来主义是珠宝设计的一大趋势，用简单的风格、抽象的线条、硬朗的轮廓，打造出一种极简又精美的风格。

构成主义源于 20 世纪初在欧洲兴起的构成主义运动，构成主义的核心是非具象（抽象化）、排除个人和地域的表现形态，应用几何形形态，创造由概念构成的立体造型的作品。构成主义最早应用于建筑设计，这是一种非常先进、现代的造型方法。

构成主义意味着珠宝设计从传统设计到现代设计的过渡，即从自然形态、装饰形态，最终演化成抽象形态。上面提到的 TASAKI 鲨鱼珠宝，就是将鲨鱼的牙齿结构抽象化而成的，它与真正的鲨鱼牙齿大不相同，但是人们一看到就觉得这个项圈非常像鲨鱼锋利的牙齿。

只求意似、不求形似，从形似到意似，正是现代珠宝设计的追求。

（4）从简单设计到风格设计

我国大多数的珠宝设计还处于设计的最低层次：外形设计。没有风格是这种设计最大的硬伤。把国内一些珠宝设计作品和蒂芙尼、卡地亚等国际大牌相比，你会发现卡地亚、蒂芙尼的设计也没有多么复杂，但是风格就蕴含在其中。从设计角度来说，更适应现代的设计应该是风格设计。

珠宝公司的珠宝设计为什么缺乏风格？是设计师的问题吗？我认为不是，这其实是战略层面上的问题，珠宝品牌没有定位，珠宝设计当然就很难有风格。

如万宝宝的珠宝设计，珠宝定位就是"现代中国风"，把珠宝和中国风结合，设计出的蝙蝠（寓意福）、太极、熊猫都极具中国特色，这种最古典的形式也最现代。

图 2-6 来自万宝宝珠宝的天猫旗舰店，可以看到珠宝所应用的材料并不复杂：18K 金、钻石、珍珠、翡翠等，都是普通的材料，但是风格非常突出，熊猫、中国风亭子、蝙蝠、中国古钱币、太极、豌豆、如意、算盘……在产品的设计中，材料也和整体契合得非常好，如珍珠作为豌豆的豆豆部分，翡翠珠作为算盘的

算珠部分，看起来精美、可爱。

¥ 6000.00
WanBaoBao 万宝宝小小系列
亭子 (Pagoda)18K 黄金钻石
吊坠颈链

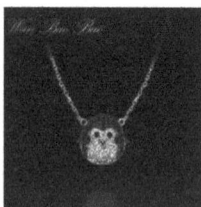

¥ 6000.00
WanBaoBao 万宝宝小小系列
企鹅 (Penguin)18K 白金钻石
吊坠颈链

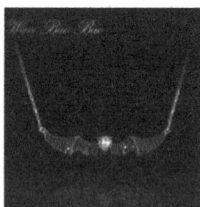

¥ 6000.00
WanBaoBao 万宝宝小小系列
蝙蝠 (Bat)18K 白金钻石情侣
吊坠颈链

¥ 6000.00
WanBaoBao 万宝宝小小系列
钱币宝钱 (Coin)18K 黄金钻
石吊坠颈链

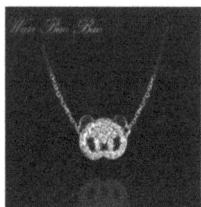

¥ 6000.00
WanBaoBao 万宝宝小小系列
熊猫 (Panda)18K 白金钻石吊
坠颈链

¥ 6000.00
WanBaoBao 万宝宝小小系列
八卦太极 (Taichi)18K 白金钻
石吊坠颈链

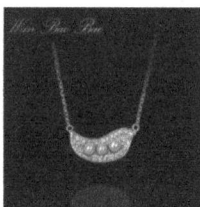

¥ 6000.00
WanBaoBao 万宝宝小小系列
豌豆福豆 (Bean)18K 白金钻石
吊坠颈链

¥ 6000.00
WanBaoBao 万宝宝小小系列
如意 (Ruyi)18K 玫瑰金钻石
吊坠颈链

图 2-6　万宝宝的珠宝设计

◆ 风格设计带来附加价值

没有风格的设计，就无法产生附加价值。这也是目前国内多数珠宝企业面临的问题。

举一个很简单的例子：蒂凡尼的一款钻石钥匙项链，它的材质成本在 5000 ～ 10000 元，但是销售价格在六七万元，并且还非常受消费者的喜欢，为什么？

产品品牌是一个原因，但是仅凭产品品牌无法产生这么高的溢价。能够产生高溢价的另一个重要原因就在于它的产品设计，消费者愿意为这样的产品设计花高价购买。

如今国内很多珠宝企业的产品与其说是设计，倒不如说是抄袭，或者说是"山寨"，山寨的对象就是如卡地亚、蒂凡尼这种高端珠宝品牌的产品。虽然产品设计可以模仿，但是现在行业中很多珠宝企业基本没有品牌定位，做着类似于渠道商、生产商的工作，这样产品自然不可能产生高溢价。可能也会有珠宝企业认为，虽然这种做法无法获得高溢价，但是过去一直都是这么做的，企业还是生存到了今天。

随着新零售时代的到来，珠宝产业格局将会发生巨大改变，**未来留给这种没有设计风格的珠宝企业的生存空间将会越来越小**，这样的珠宝企业将很难赢得市场。

同时珠宝企业需要明白，企业在针对不同市场的时候，产品风格也应该相应地做出调整。如 TASAKI 的产品设计思路虽然非常有创意，也受到消费者的喜爱，但是同样的产品设计放在不同的市场中，得到的结果是不一样的，所以企业必须根据自己的情况做出调整。

为消费者提供最优体验

随着珠宝 + 新零售的兴起和消费者消费理念的变化，消费者一生只在几个关键节点购买珠宝的时代正在成为历史，**未来的珠宝交易会远比现在更平常、更高频，而能够吸引消费者的是那些能够提供最优体验的企业**。为了能够吸引消费者，珠宝企业该做哪些调整呢？如图 2-7 所示。

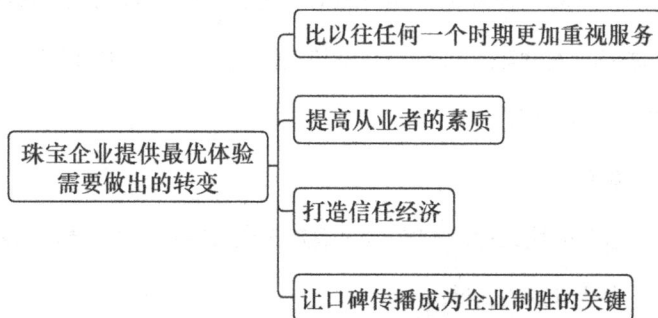

图 2-7　珠宝企业提供最优体验需要做出的转变

◆ **比以往任何一个时期更加重视服务**

新零售是以消费者为中心的一种零售模式，这就要求珠宝企业比以往任何时期更加重视服务。珠宝设计、珠宝定制其实都是为客户服务的，互联网为企业服务客户建立渠道，珠宝的定制和设计都是为了满足客户的需要，将自己的服务做到多元化和差异化才是珠宝企业立足于市场的根本。

售后服务是珠宝企业常常忽视的一个环节。对珠宝企业来说，并不是将产品卖给消费者就结束了与消费者的关系。在未来的珠宝市场中，消费者有了更多选择，此时，企业竞争力除了产品本身，还包括通过服务给消费者带来的购物体验。所以，**未来的珠宝企业应该采用一种"F2F"的概念，就是 Friends to Friends，提供差异化、温馨化、强服务化属性的产品和服务，给消费者带来一种全新的购物体验，以此获得消费者的青睐。**

◆ **提高从业者的素质**

入行门槛低是造成从业人员素质较低的原因，很多珠宝一线销售人员对产品知识以及销售技能了解得非常少，面对客户只会单纯地赞美客户或者表示自己产品的优秀，但是说不出更深层次的东西。一些一线销售人员甚至会对一些看上去没有成交意愿的客户爱答不理，并且这种现象在珠宝产业非常普遍。这种做法不仅让客户对销售人员不满，还对珠宝企业的品牌造成了影响，特别是在如今，信息传播速度非常快，一件小事就可能影响整个企业的形象，所以提高从业者的素质非常重要。

3. 打造信任经济

珠宝并不适合采用大范围刷屏的营销方式进行宣传。作为价值较高的商品，珠宝产品需要的是良好的口碑。

传统珠宝企业在几年前，大多加入了互联网浪潮。但是仅依靠互联网销售珠宝产品, 难以获得信任是珠宝企业需要解决的问题。

未来的商业一定是由推荐链和信任链构成的, 珠宝企业只有解决信任问题, 才能在市场中抢占先机, 因此, 新零售就成为珠宝企业的最优选择。

为了获得消费者的信任, 珠宝企业可以做的还有很多: 如设计师上门服务, 终身免费清洗、维修、改款, 为客户免费设计等。把服务做到极致, 同时结合社群的深度运营, 这样才能让珠宝企业的品牌受到消费者的欢迎。

◆ **让口碑传播成为企业制胜的关键**

在电商时代, 互联网评价体系改变了消费者的购物习惯, 很多消费者习惯在购物之前先查看商家的评价信息, 将其作为判断商家是否可信的重要标准。然而随着电商的快速发展, 企业之间的竞争开始变得越来越激烈, 评价造假也成了一种灰色竞争手段。

随着造假手段的曝光, 消费者对评价体系逐渐失去了信任, 并且随着各家企业在付费推广以及软文营销方面的投入越来越多, 一部分消费者已经不再相信网络搜索的信息, 而改为信任自己身边伙伴的推荐。此时, 口碑传播就成为珠宝企业制胜的关键。如何让消费者自愿成为品牌代言人, 对产品进行口碑传播, 也成为珠宝企业在未来重点思考的问题。

因为每个消费者都有自己的社交圈, 消费者会通过社交圈将品牌扩散给消费者的亲人、朋友等, 品牌的影响力就是在不断扩散中形成的。如现在很多微商企业举行邀请朋友砍价的活动, 通过这种活动, 一方面用户得到了实际的好处——价格降低了; 另一方面用户和用户的朋友也交流互动了。企业以极低的成本宣传了企业的产品, 这就是一种促进品牌口碑传播的方式, 这种方式值得未来在新零售环境中的珠宝企业学习和借鉴。

案例：潘多拉珠宝，定位快时尚

最清楚国内奢侈品市场动态的是谁？答案是代购！

在中国奢侈品市场中，一多半产品来自海外购买或者代购。代购市场的繁荣，不仅让代购从中获利，还让那些海外代购大户对中国奢侈品市场的动态了如指掌，近期哪些奢侈品的品牌销量较好、哪些品牌销量下滑，都可以从代购那里得到答案。

中国市场一直是各大奢侈品品牌重点争夺的市场，但是除了香奈儿和爱马仕在中国市场一直处于不败之地，其他品牌几乎会随着市场变化而跌宕起伏。

前段时间我和一个在西班牙生意规模相当大的代购聊天，询问最近销量比较好的奢侈品牌。代购告诉我：Louis Vuitton 的新款双肩包系列、Fendi 的小恶魔系列、Valentino 的铆钉鞋、Givenchy 的成衣、Hermes 的手镯项链、Pandora 的珠宝……

Pandora 的珠宝？我听到这个"快时尚"的珠宝品牌时有点意外，也让我产生了兴趣：Pandora，中文名译为潘多拉。潘多拉，这个名字起得非常巧妙。

在希腊神话里，为了惩罚普罗米修斯盗窃了火，火神赫淮斯托斯用黏土制作了一个女人，这个女人就是潘多拉。众神给予了潘多拉一个能够更有魅力的礼物，因此所有的凡人都会轻而易举地被她吸引。而潘多拉在希腊语中就是拥有一切天赋的意思，这个解释也是潘多拉珠宝官方对品牌由来的说法。

不少潘多拉的粉丝认为，希腊神话中的另一个故事更符合他们对这个品牌的理解：普罗米修斯带来了一个美丽的盒子，再三强调说不要打开，然而潘多拉最终还是打开了……

在神话传说中，潘多拉拥有女人的一切天赋，天赋之一就是当女人面对美丽的东西时，无法抑制自己的好奇心。

潘多拉有什么魅力能够让这家成立短短几十年的珠宝企业，逆势前行，获得大量粉丝的支持呢？

◆ *潘多拉保持上涨的秘诀*

潘多拉发布的年度业绩显示：2016 年潘多拉全年总营收为 202.81 亿丹麦克朗，超过了早先的期望，同比增长 21%；净利润为 60.25 亿丹麦克朗，同比增长 64%。

潘多拉给自己的定位是"快时尚"品牌。"快时尚"一词最早用于服装领域，现在早已不局限于此了；上新速度快、价格亲民又能紧跟时尚潮流的"快时尚"模式已经被很多其他领域的企业效仿，如珠宝产业。

当消费者们想要尝试新鲜、时尚的珠宝产品，但又不想掏空自己的钱包时，"快时尚"珠宝的出现正好能满足他们的需求。潘多拉就是珠宝产业里的"快时尚"品牌。这个珠宝品牌是如何在行业不景气的情况下，依然保持上涨呢？如图 2-8 所示。

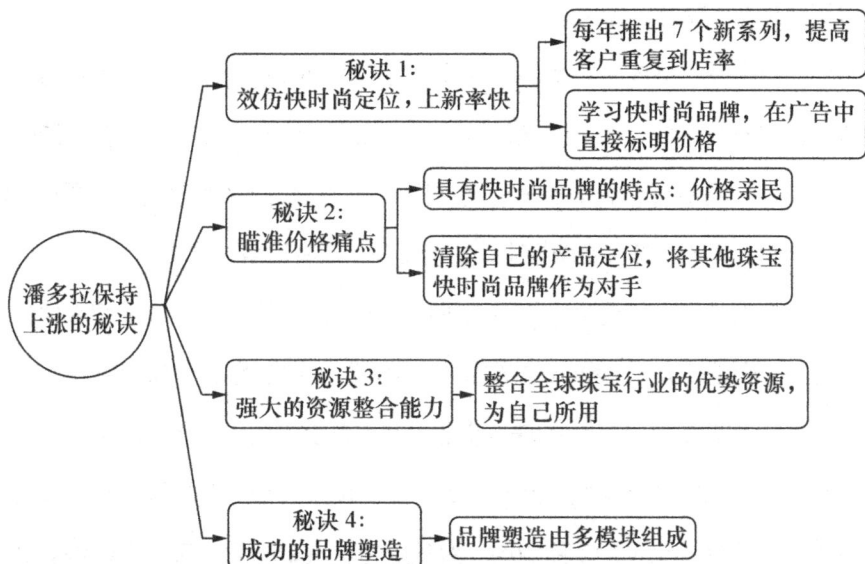

图 2-8 潘多拉保持上涨的秘诀

秘诀 1：效仿快时尚定位，上新率快

潘多拉每年推出 7 个新系列，这种快速上新的做法可以提高顾客重复到店频率，这种上新频率毫无疑问是向 ZARA、H&M 等"快时尚"品牌看齐。潘多拉珠宝的广告从"快时尚"的商业模式中得到启发。在广告中产品直接被陈列出来，然后标明每种产品的价格，这种做法也许有人会感觉很熟悉，因为 H&M 的广告也是这么做的。

秘诀 2：瞄准价格痛点

价格是潘多拉的利润点，也是它的优势。

价格亲民是"快时尚"的一个特点。潘多拉单品价格最便宜的仅 200 多元，品质较好的单品价格在几千元，但是同那些大品牌相比，如卡地亚入门级产品都接近万元，相比之下，潘多拉的产品更容易让大众接受。

西班牙代购告诉我，对她的很多顾客来说，花费几千元购买手链并不算什么，所以买起来毫不在意，说买就买。

代购口中说的手链就是潘多拉的标志性产品 Charm Bracelet，一条手链由基础链和自选坠饰组成，便宜的基础链价格从几百元到一千元，但是在自选坠饰的情况下，一条手链可能要从一千元到几千元。这个价格绝对说不上便宜，但是和卡地亚、蒂芙尼等大品牌相比，显然还是很具有优势的价格。

潘多拉清楚自己的定位，它并没想从卡地亚这样的一线珠宝品牌手中抢占市场份额，而是将类似 ZARA 这样的"快时尚"品牌作为自己的对手。

潘多拉这家成立了 34 年的珠宝企业也并不是没有经历过挫折，2011 年，潘多拉想改变自己的产品定位，向高端奢侈品靠拢，结果这个举措导致大量的客户流失，实际收入比预期下跌 30%。潘多拉的这次举动看起来似乎能够提高企业收益，但是对这个既年轻又缺乏经验，同时也不是处在传统奢侈品顶端的品牌来说，这项改变并不适合现在的自己。

秘诀 3：强大的资源整合能力

潘多拉珠宝明白整合资源的重要性，瑞典的 H&M 也懂得在目前全球化的大背景下，将全球各地的资源整合起来为自己带来高性价比的服务。如潘多拉珠宝的设计工作是在意大利完成的，因为意大利是珠宝设计强国，而生产选择在人力成本较低的泰国，之后将产品销往全球 90 多个国家和地区。

秘诀 4：成功的品牌塑造

与一线珠宝品牌不同，潘多拉的产品并不会将设计师元素作为宣传重点，因为它的产品走的是"快时尚"的路线，也正是因为走这条路线，品牌的塑造显得尤为重要。潘多拉在这一点上也做得尤为成功。消费者在逛街时，对一个品牌的了解程度会决定他们是否会进入商店；认不认同品牌，决定了消费者是否承认品牌在产品之上的溢价、愿不愿意购买。当有人问你的外套是什么品牌时，你说"纪梵希"，或者手上的手链是什么品牌，你说"潘多拉"，当说完之后你不但不会觉得掉价，反而感觉自己跟上了潮流，有一种自豪感。

◆ **潘多拉品牌塑造的三大模块**

潘多拉的品牌塑造是由三大模块组成的，如图 2-9 所示。

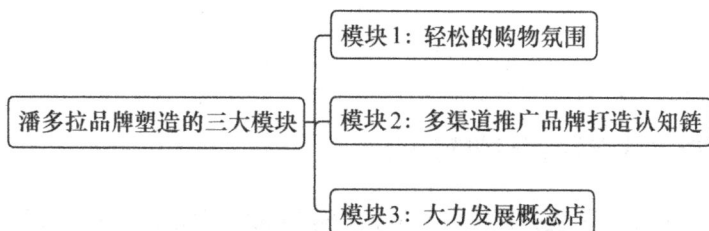

图 2-9　潘多拉品牌塑造的三大模块

模块1：轻松的购物氛围

当你进入潘多拉的门店时，你不会感到如在奢侈珠宝店里那种正式且严肃的气氛，导购不会一身正装地接待你，而是尽量让谈话气氛变得轻松。

模块2：多渠道推广品牌打造认知链

除了使用广告推广，多渠道推广也是塑造品牌的一种做法。如潘多拉会选择和那些有一定规模的多品牌门店或者实力较强的渠道商进行合作——能够和卡地亚等一线珠宝品牌做邻居是再好不过的了，这样可以提升品牌的地位以及增强消费者对品牌的信任。合作的渠道多了，可以增加品牌的曝光量。

模块3：大力发展概念店

潘多拉塑造自己的品牌形象还有一个方法就是用心打造自己的形象门店，这种店被潘多拉称为概念店。潘多拉的公司财报中说道：尽可能关闭那些没有品牌标识、不能起到塑造品牌形象作用的门店，然后大力发展概念店。在2016年，潘多拉在全球一共新增了400家概念店。潘多拉通过这些概念店让消费者了解自己是怎样的一个品牌，有什么样的企业文化和特点。

细分：目标是成为细分市场中的龙头

未来的珠宝品牌将持续分化

珠宝产业在经历粗犷式发展之后，行业格局已经发生改变，未来的市场是一个细分化的市场。所以珠宝企业应该顺应市场的变化，做到"一米宽、一千米深"，专精于一个方向，而不是涉及面广但无一精通。

对珠宝企业来说，现在正是发展品牌的好时期：传统珠宝企业的品牌打造要花费大量的财力和人力。如想要在省一级的地方打造自己的品牌，最少需要50 家以上的加盟店，同时电视广告、地面广告、品牌代言人一个都不能少，这样才会有效果。

新零售模式加快了品牌的传播速度，极大地降低了企业的推广成本，这让珠宝企业打造品牌有捷径可以走。就目前来看，**珠宝市场细分化是未来的趋势，在消费者看来，具备代表性的品牌更专业，更容易获得认可。**

无论是过去的电商还是未来的新零售，它们必须依托于互联网。互联网让珠宝企业无论在什么地方都会面对全国性的竞争，甚至需要和国际品牌竞争，而不再是原来的区域性竞争。这种改变让消费者有了更多的选择，但是也干扰了消费者的判断，如何从众多珠宝品牌中做出选择就成为一个难题，不少消费者在面对这样的选择时感觉"无从下手"。

在新零售时代，品牌对消费者的影响力逐渐增大，对一个品牌认可与否直接关系到消费者会不会做出购买选择。因此，**将珠宝品牌打造得极为专业，就成为珠宝企业在新零售时代提高竞争力的第一选择。**

那么，珠宝企业打造专业的品牌形象最关键的是什么呢？不是打广告，也不是请明星为企业代言，更不是盲目地用资金去堆砌。

珠宝企业需要明白，打造品牌的最终目的是吸引消费者，所以在打造品牌时"如何攻占消费者的内心"是最关键的，也就是要努力在目标人群中占领市场，让企业的品牌成为珠宝细分市场产品的代名词。

谁能够成为未来细分市场的龙头企业？中国珠宝市场和欧美相比有一个非常明显的区别：珠宝市场没有细分化。彩色宝石龙头企业、银饰龙头企业、婚戒龙头企业，这样的细分市场龙头企业在国外已经非常成熟，如国外的潘多拉专营银饰。

在中国，很多消费者会有这样一个概念：提起品牌珠宝就会想起周大福或者周生生。因为这些品牌在珠宝产业中的知名度比较高，但是如果我们划分到更细致的珠宝产品类别时，如买钻石、买珍珠、买水晶、买玉器、买彩色宝石，我们应该选择哪个品牌呢？

在区域性的市场中，我们也许能够找到与珠宝细分品类对应的品牌。如在上海要购买黄金，那么老凤祥就是第一选择。因为这个品牌创建于上海本地，已经有了160多年的历史，是名副其实的百年老店。如在成都想要购买翡翠玉器等产品，薛氏祖传玉店会是首先考虑的品牌，因为该品牌成立于1925年，在当地有比较高的知名度。但是，如果将目光放到全国市场，目前我们还找不到一个能够代表某个珠宝细分品类的珠宝品牌。

在其他行业里，大多有全国性的品牌。如在电器行业，说空调就会想起格力，说微波炉就会想到格兰仕，说冰箱想起的是海尔，说豆浆机想起的是九阳等，但是珠宝产业就没有类似的品牌认知。

为什么会出现这种情况？这就要从传统珠宝企业的经营方式或者经营思维上寻找答案。很多传统珠宝企业是作坊式经营，并且在经营思维上，无论规模大小都追求产品品类齐全，想要更多地占据品类市场。在这种经营方式和经营思维的作用下，珠宝企业自然无法在珠宝细分市场有所作为。所以珠宝企业要打造专业品牌，就需要选择专注于某一类产品的经营方式，用心塑造专业的品牌形象，让企业的品牌成为珠宝细分市场中某一类产品的代名词。

很多人认为珠宝市场是以女性为主导的，所以过去很多珠宝企业忽视了男士的珠宝需求。过去我们认为，珠宝是属于女人的，但是贝克汉姆的两只耳朵都打了洞又怎么解释呢？在国外，男士佩戴珠宝是常态。在我国可能就不那么常见了，但是国内男士就没有珠宝需求了吗？答案显然是否定的。**我国的男士珠宝需求，正是一个蓝海市场。**

在过去，虽然也有针对男性的珠宝产品，但是与珠宝整体市场相比，男性珠宝产品太少了，如贵金属 + 宝石的男士首饰在市面上就非常少，并且针对男性的首饰，除了婚戒外观比较普通外，大部分男士首饰的风格非常粗犷，如个头夸张的男士戒指和手指头粗的金链子，并且佩戴这种风格的珠宝很容易让他人产生误解。其实，无论是出于对珠宝本身的喜爱，还是因为社会交往要求自己佩戴珠宝，男士一直都有对珠宝的需求。

不少男士将玩手串、佛珠等物件作为自己的爱好，并且已经形成了一种文化。也许你对玩这些东西的男士并不是很了解，但是当你了解他们之后就会发现，他们对这些东西的需求其实和女性对珠宝的需求是一样的。

此外有些是和西装配合的首饰，如领带夹、袖口。西装在中国的历史不长，真正了解西装文化的人其实并不多（而且就算对西装文化非常了解，平时需要使用的场合也比较少）。类似领带夹、袖扣等与西装相关的首饰在国内市场比较少见，高端类型的就更少了。

还有两种源于西方的男性专属饰品，并且国人使用程度非常高，就是腕表和皮带扣，但是在很多人眼中，它们并不算首饰。

从现在的流行文化来看，男士需要首饰点缀自己的着装，而基本首饰的需求还是以低调、奢华为主，很少有男士想要将自己打扮得珠光宝气。白金、黄金的手镯，白金戒指，粗犷风的项链，都是适合男士的珠宝饰品。

所以，如果珠宝企业能够推出符合男士诉求、不突兀又能体现品位的男士珠宝饰品，就迎合了男士的蓝海市场。

提升竞争力的答案，在消费者身上

早在电商刚兴起的时代，传统珠宝企业就已经开始出现危机。电商＋珠宝的模式让一部分敢于尝试的珠宝企业看到了解决这些危机的曙光。

周大福是珠宝产业中第一批试水电商的企业，而它的实践证明，如果采用恰当的方式运营，"互联网＋珠宝"式营销可以提高品牌竞争力。**互联网时代的消费者有一个特点，就是消费者不再仅依赖一个渠道，而是在实体店铺、网购平台、移动网购平台、社会化媒体商店等多种渠道中自由选择，让消费者有多种渠道可以选择，从中找到适合自己的，并且能够更加高效运用的后台供应链。这样，零售企业在发展互联网模式的同时，也可以提升消费者的黏性。**

与此同时，智能手机的普及以及移动互联网的成熟，拉近了用户同品牌的距离，这对建设实体店铺费用高昂的珠宝企业来说，无疑是非常具有吸引力的一点。新兴技术如 VR 虚拟现实技术的出现，使单价较高的珠宝产品可以通过 VR 虚拟眼镜让消费者同产品"零距离接触"，节省了高昂的铺货费用。

与此同时，珠宝已由过去的奢侈品逐渐转变为刚性消费。例如，现在年轻人结婚都需要钻石戒指，钻石已经成为婚礼的一部分，这有赖于国民生活水平的不断提高及其消费观念的改变。

◆ **电商带来的不只有机会，还将行业竞争推向白热化**

电商的出现，让企业和用户信息不对称的情况大幅减少，同时也让行业竞争变得更加激烈，走向白热化。在这种情况下，越来越多的珠宝企业被动地卷入了价格战。

从中国目前的珠宝市场来看，还有相当一部分的消费者购买珠宝是出于保值方面考虑的。而珠宝的材质就几种，黄金价格完全透明，钻石有 4C 标准，铂金和 K 金的保值功能要差一些，宝石的利润虽然稍高、种类较多，但是市场普及率较小。虽然对这部分消费者来说，珠宝款式也是影响他们做出选择的一个因素，但是影响较小。因此，周大福、周生生曾经都有一口价黄金饰品，但是数量较少。原因很简单：大多数消费者不接受。

深陷价格战的珠宝企业都知道长期进行价格战，无论对企业本身还是行业来说都是非常不利的。实际上从消费者角度来说，长期的价格战对他们同样是不利的。面对激烈的市场竞争，珠宝企业也没有太好的应对方式，因此只能被动地加入价格战。价格战会严重影响企业的利润率，长期如此，企业自然无法接受，但是价格又不可能提高，就只能从产品入手，在不降价格的同时降低产品的品质，无数以次充好的产品就是这么出现的，这损害了消费者的利益。如今，价格战已经成为珠宝企业不能说的痛。

◆ 如何应对价格战

那么，对深陷价格战的珠宝企业来说，面对激烈的市场竞争、不断下降的利润率、不断上涨的经营成本，它们该何去何从？珠宝企业应对价格战的方法，如图 2-10 所示。

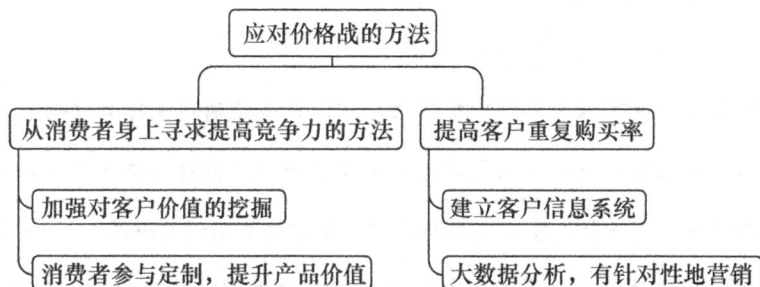

图 2-10　应对价格战的方法

（1）从消费者身上寻求提高竞争力的方法

在过去，面对市场竞争，那些不愿意被卷入价格战的珠宝企业为了提高自己的竞争力，通常会采用整合上游产业链以及占领优势资源的方法，但是随着时代的发展，这种方法正在变得难以为继，同质化严重的情况让珠宝企业获取新客户的成本增加，这些情况的出现使珠宝企业的运营成本不断提高，因此仅从产品方面提高竞争力的方法已经过时，珠宝企业必须改变自己的发展重心，在客户价值的挖掘方面投入更多的精力，从消费者身上寻找提高竞争力的方法。

新生代的年轻大众消费特点是追求个性和时尚，所以珠宝企业除了针对细分市场建立子品牌之外，还需要提升产品的价值。 可以让消费者参与珠宝的设计环节，将成品珠宝分解为多个标准模块，然后让消费者自己选择组合方式，实现珠宝的个性定制。如消费者想要购买一款项链，可以自己选择项链材质、粗细以及搭配什么样的吊坠等。

让消费者参与产品的个性化定制，以此提高产品的价值，这种做法在多个行业都有过应用。珠宝产业里最典型的例子就是潘多拉珠宝，它通过手链和手链配饰分开销售的方法，让消费者自由地选择、组合，实现珠宝的个性定制，这种方法让潘多拉珠宝大获成功。

━━

潘多拉的用户可以参与到珠宝的设计中，方式是通过选择那些代表自己经历过的瞬间的珠宝坠饰，把它们挑选出来串在一起，最终形成一整串珠宝。在潘多拉品牌下面有一行小字，上面写着"那些你无法忘记的瞬间"。这句话是什么意思呢？简单地说，就是潘多拉让消费者从众多配饰中自由地选择和组合，搭配出自己想要的首饰，并且可以根据不同的经历和心情，随时更换搭配，变成另一款首饰。以潘多拉的明星产品手链系列来说，基础手链分为两大类，消费者可以选择金银质地的和皮绳质地的。也许你刚从潘多拉买到的手链上什么也没有，如图 2-11 所示。或是这样的，如图 2-12 所示。

图 2-11　潘多拉的手链　　　　　图 2-12　潘多拉的手链

不用担心，有了基础手链你可以搭配喜欢的手串饰品。串饰分为不同的主题，如图 2-13 和图 2-14 所示。

图 2-13　潘多拉动物主题手串　　　　　图 2-14　潘多拉旅行主题手串

刚开始搭配的时候，也许你搭配出来是这样的，如图 2-15 所示。过一段时间，也许你手链上的串饰会越来越多，手链就会成为这样的，如图 2-16 所示。

图 2-15　潘多拉的手链搭配手串　　　　图 2-16　潘多拉的手链搭配多种手串

潘多拉为了更好地推广自己的品牌理念，发布了一款 App，用户使用这款软件就可以设计自己的珠宝首饰，同时还能够将自己的潘多拉首饰配上文字说明，发布到网络上，同其他人分享。

正是由于消费者参与了产品的设计，相同的产品在消费者眼中已经有了特殊的情感，产品价值得到了提升，消费者也认可这个提升。同时这样做还可以提高消费者对品牌的黏性，从而实现在消费者身上提高竞争力的目标。

（2）提高客户重复购买率

珠宝在普通大众眼中已经不再是奢侈品，随着珠宝进一步向大众消费品转型，婚戒等这种一次性消费的产品在珠宝整体销售中的比重会逐步降低，珠宝（特别是配饰一类的产品）最终会成为日常必备品。

在目前新客户获取成本不断增长的情况下，如何提高客户的重复购买率就成为珠宝企业重点思考的问题。而珠宝企业需要做的，就是建设完整的客户信息管理系统，除了平时向客户推送品牌活动信息之外，客户的购买记录、收藏记录、浏览路径等信息都需要收集，然后用大数据分析。通过大数据分析我们可以了解客户的产品偏好、购买习惯、购买周期、消费能力等信息，然后根据这些信息将客户划分在不同的群体中，进行有针对性的推广营销，加深客户对品牌的印象，提高客户的重复购买率。

融合：线上与线下融合，重塑珠宝生态圈

2014 年，珠宝 O2O 开始兴起。两年之后，新零售的概念被提出。这让很多刚适应 O2O 的珠宝企业感觉有些无所适从，不知道未来的道路究竟该如何走。事实上这些珠宝企业大可不必如此惊慌，因为马云对新零售的描述中有非常重要的一句话：线上服务、线下体验以及与现代物流深度融合。这就说明虽然新零售是一种全新的零售方式，但其也是在 O2O 基础上发展起来的。也就是说那些在 O2O 领域做得非常优秀的珠宝企业，在转型新零售的时候反而更具有优势。因此，新零售的到来将会给这些珠宝企业带来巨大的机会。

珠宝 O2O：珠宝产业对新零售模式的最早尝试

阿里研究院对新零售的定义："以消费者体验为中心的数据驱动的泛零售形态。"其中新零售的核心价值是"将最大限度地提升全社会流通零售业的运转效率"。这句话中有两个关键词：一个是流通，另一个是效率。无论是实现流通，还是提升运转的效率，都离不开打破线上与线下的壁垒，实现线上与线下的融合。马云在进一步解释新零售时这样阐述："新零售是以互联网为依托，通过运用大数据、人工智能等先进技术手段，对商品的生产、流通与销售过程进行升级改造，进而重塑业态结构与生态圈，并对线上服务、线下体验以及现代物流进行深度融合的零售新模式。"

◆ 珠宝产品的 O2O 模式探索

线上服务、线下体验以及现代物流深度融合。其实这种线上与线下融合的理论我们并不陌生，过去我们管它叫 O2O，虽然新零售的线上与线下融合是以大数据为主导的，这和 O2O 模式有很大的区别，但是两者还是有很多相似的地方。所以，我们在关注珠宝新零售的同时，还需要了解珠宝 O2O 的发展历程。

2014 年，珠宝 O2O 开始兴起，经过这 3 年多的发展，多数珠宝企业已经将 O2O 玩得风生水起。新零售绝非 O2O 模式的升级改良那么简单，但是珠宝的 O2O 模式可以看作珠宝行业最早的对于新零售的探索和尝试。

O2O（Online To Offline），是指将线下商业机会与互联网结合在一起，通过线上平台将消费者带进线下实体门店，让线上平台成为线下交易的前台。 一个成熟又完善的 O2O 模式，可以为珠宝企业带来比传统销售模式多数倍的客户。珠宝的 O2O 模式，分为两种方式：**第一种"Offline To Online"，即由线下到线上；第二种"Online To Offline"，即由线上到线下。**

企业在不同的时期，使用的模式也不相同。

模式 1：线下到线上

"Offline To Online"（线下到线上）的运用。

企业在品牌形象的推广和营销阶段可以采用"线下到线上"的模式，充分发挥自己线下的优势，拉动自己的线下客户到线上发展，增强客户对企业的了解以及客户的黏性。同时保证线上和线下的活动互相辅助和映射，通过这样的方式将推广与营销的效果最大化，引导用户体验"互联网＋"的商业模式。

在这个过程中，移动互联网功不可没。在进入移动互联网时代之后，手机作为最普及的移动终端，已经成为生活中不可缺少的产品。很多人起床的第一件事就是先看手机，睡前最后要做的事情也是看一眼手机，如果出门时忘记带手机，整个人就会感觉很不自在，手机配合移动互联网的出现已经改变了我们所有人的生活方式。在过去，移动终端被看作一个重要渠道，但是现在，移动终端已经成为整体的一部分，移动终端和其他渠道（如 PC 端和线下）一样，各有各的特点，是不可或缺的一环，并且能够很好地互补，形成强大的运营整体。

模式 2：线上到线下

"Online To Offline"（线上到线下）的运用。

企业在产品销售阶段，可以通过优惠的价格鼓励客户使用线上支付的方式，这就是"线上到线下"。**线上支付可以给企业提供支付信息，这对于搜集用户数据非常有帮助。通过分析掌握的客户数据，可以了解客户的需求、关注点、喜好等。然后再针对客户的这些特征进行精准的推广和营销。**

在电商时代，珠宝 O2O 更多采取的是"线上下单、线下体验"的模式：珠宝企业依托现有的实体店铺，开展网上平台订购的业务，客户可以在当地的实体门店体验自己有意向的珠宝，如果确定购买就可以通过网上平台下单。消费者下的订单直接发送到企业总部，然后由总部将客户订购的珠宝送往实体店铺，消费者再到实体门店交付取货。

但是这种模式也存在不足：珠宝企业随着线上网络订购平台的逐渐成熟，开设实体门店的步伐必将放缓，为了压缩渠道成本，实体门店的珠宝展示面积也将缩小，更多的利好直接流向企业总部，而经销商的作用被削弱，利润空间也会随之减少，最后基本成为珠宝实物展示平台以及负责售后的机构。面对这种情况，部分经销商可能选择退出。经销商的退出意味着企业线下渠道的减少。

所有的商业模式都是灵活多变的，在使用时需要根据企业的具体情况合理运用，在实践中找到最适合自己企业的模式。在实践过程中，困难和问题不可避免，如何应对这些，企业需要提前做好准备。

总之，模式提供的是一个大框架，具体如何运用到实战中，需要企业在实践中创新。在这个过程中，传统珠宝企业要做到线上与线下无缝对接，让线上渠道同线下渠道形成利益共同体，使线上平台成为直营店和加盟店强大的盈利工具。

周大福是国内珠宝产业中最早试水 O2O 的企业之一，早在 2014 年，O2O 就已经被周大福看作布局中的重要一环。

"平时消费者和家人到店里喝茶聊天，试一下款式。当有一天需要买珠宝了，就打开手机，扫个二维码、按个付款钮。货两天就送到了。"这就是周大福珠宝集团有限公司董事总经理黄绍基向《北京商报》记者描述的珠宝销售未来。

• O2O 模式——珠宝未来趋势

《北京商报》：随着国内的快速发展，电商市场已不再仅仅是 B2B、B2C 模式，请问您如何看待国内电商市场的现状及未来发展趋势？

黄绍基：国内电商的发展可以用飞速来形容，未来网购是一个趋势。周大福早在几年前就已经开始做电子商务，但现在会加入越来越多的互动体验，以前可能是 B2C、C2C、C2B 模式，现在公司更注重 O2O 模式。因为很多年轻人喜欢通过网络购物，那怎样利用网络平台帮助消费者买到他想要的东西成为传统品牌需要思考的问题。第一，产品符合网络购物的需求；第二，如何将线上与线下很好地对接，这就需要品牌提升店里的消费体验。例如，周大福提供线上预约线下看货以及线上预约线下取货的服务。

• 体验店聊天喝茶试珠宝

《北京商报》：众所周知，O2O 最大的卖点是其互动性，消费者的最终购买行为有可能在实体店完成，您如何理解线上与线下集合营销这个概念？

黄绍基：我理解的 O2O 是提供更多选择，从而为消费者带来舒适便捷的购物体验。结合周大福未来的发展战略，未来集团主要有两个方向：第一个就是开实体店，目前周大福已有 2000 家门店，未来三年公司计划保持每年在国内开店 200 家，主要选在三、四线城市；第二个就是在线上，三年前集团开启了电子商务，未来是以科技推动消费，改善服务，把人与人的距离缩短。周大福现在的电子商务，天猫和京东加起来大概每天的人流量 15 万。周大福线下有 2000 家店，覆盖了 400 多个城市，平时消费者可以和家人来店里喝喝茶聊聊天，试一下珠宝。当有一天需要买珠宝，可以不用到实体店，而是打开手机，一键付款，货两天就送到了。

◆ O2O 弥补了线上购物无法达到的购物体验

在周大福看来，珠宝产品和其他产品相比有其特殊性，因此想让消费者产生强消费黏性比较困难；同时，到线下门店购买珠宝所产生的购物体验，是目前线上购买所无法达到的。O2O 的出现则弥补了线上购买体验不佳的缺陷，O2O 模式有其优势、核心战略及其他模式无法拥有的特殊功能，如图 2-17 所示。

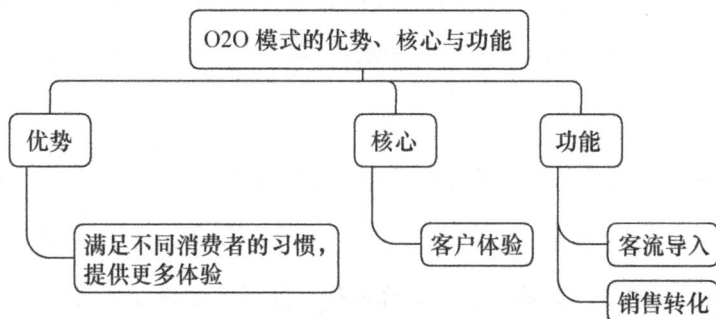

图 2-17　O2O 模式的优势、核心及功能

（1）优势

O2O 模式最大的优势在于：**尊重不同消费者的习惯，让消费者在购物过程中获得更好的体验**。企业采用的商业模式决定了它的盈利模式是什么样的，而企业的盈利模式又决定它需要使用哪种营销模式。

在 O2O 模式中，消费者会享受更多便利、拥有更多选择。消费者可以在线下实体门店看货，然后在线上平台购买、支付，也可以在线上平台订购，再到线下平台支付、取货。

（2）核心战略

O2O 的核心战略只有一个：**提供最好的客户体验**。如果我们能够通过线上与线下结合的方法，给消费者提供多种购买方式，让消费者以最适合自己的方式购买高性价比的珠宝，并且他们在这种模式中还能享受更加完善的售后服务体验和个性化珠宝定制服务，那么 O2O 很难不获得消费者的青睐。

（3）功能

客流导入：与传统的门店式消费不同，在珠宝 O2O 商业模式中，整个消费过程可以分为两个部分，一部分在线上进行，另一部分在线下进行。消费者在线上平台可以了解品牌的相关信息，对比产品的价格，咨询或者订购产品。而在线下，珠宝公司通过线上平台为实体门店带来客户，消费者在线上咨询或者订购之后，前来实体门店看货、取货。消费者还可以选择在线上预约到实体门店体验产品，享受一对一的服务。

销售转化：线上与线下各有自己的优势和劣势，将两种方式结合起来能够起到互补的作用。珠宝企业可以通过线上推广的优势，为线下实体门店引客流，消费者在实体门店的体验可以弥补线上缺乏实体感受的劣势，同时消费者还可以通过线上资源了解品牌信息，增强对品牌的信任，大大提高线下的成交率。

◆ **O2O 在未来的重要功能**

周大福在发展电商模式之后，电商的零售额增长迅速，但占整体销售额的比例仍然很低，仅有 1% 左右。不过周大福依然看好 O2O 模式，因为周大福认为 O2O 在未来将会具有以下几种功能，如图 2-18 所示。

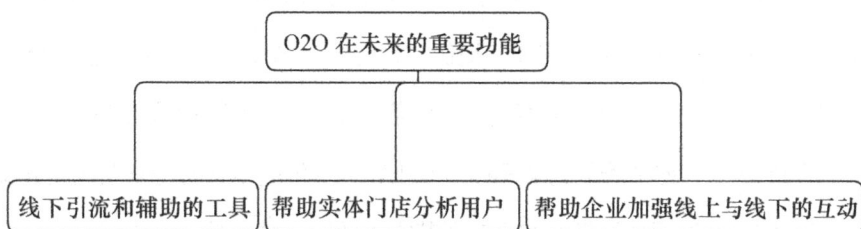

图 2-18　O2O 在未来的重要功能

（1）线下引流和辅助的工具

网络渠道一直被周大福看作品牌推广市场以及和消费者互动的一个平台，通过这个平台可以加速品牌传播、提升品牌的知名度，帮助周大福与天猫等线上知名电商平台合作，并使线上的动作成为线下引流和辅助的工具。

（2）帮助实体门店分析用户

采用 O2O 的模式，可以帮助线下实体门店进行数据分析，其中包括用户群体分析、进店群体的分析、用户浏览路径分析、页面停留时间分析等。

◆ **帮助企业加强线上与线下的互动**

分析客户的数据加强线上与线下的互动，让互联网线上平台能够很好地和线下 2000 多家实体门店对接。对珠宝企业来说，一方面珠宝企业要发展线上电商，争取获得互联网原住民的拥戴；另一方面要把握线下市场，不要让互联网分流利润和客流。

很多珠宝企业为了这个看似矛盾的目标而头疼，但是周大福已经率先做出表率：把线下作为高价位产品的主战场。周大福董事总经理黄绍基在接受采访时这样阐述周大福线上和线下的定位问题："线上增长速度很快，但毕竟是新兴渠道，其占比还非常低，目前线上销售额占比不到 1%。对周大福来说，线上平台不光是一个销售平台，它还是一个互动、交流、市场推广的平台。现在 1000 ~ 2000 元的产品主要通过电商平台销售，店面的消费价格区间稍微高一点儿，达到 3000 ~ 10000 元。实体店提供更好的服务与体验，而电子商务提供便捷的消费方法。举个例子，购买翡翠要到店内看，因为每块翡翠都有不同的颜色、不同的工艺，好翡翠的售卖不能在线上完成。但翡翠文化可以在线上普及，顾客来到店里就说明他已经对产品有了基本的认知。这就是线上与线下的配合，利用不同的特点促进销售。"

现在来看当时周大福的想法，就会发现其实周大福与其说看好 O2O 模式，不如说看好未来线上与线下融合的方式，而这种方式也是新零售的基础。

对如今的珠宝公司来说，周大福当时的做法依然非常值得借鉴：珠宝产业虽然是一个非常传统的行业，但是仍然要与时俱进。从建设自己的官网，去第三方购物平台开设旗舰店，做线上与线下结合的 O2O，再到如今周大福也开始尝试新零售，可以看出其发展的脚步其实一直未停止。

新零售对珠宝产业来说是变革的机遇，也是冲击，被动接受变革也好，主动迎击互联网也好，企业面对时代的改变，唯有不停地革新自我，才能立于不败之地。

线上与线下融合，解决线上珠宝企业的顽疾

传统珠宝产业的格局地域性非常强，很多省市有地方性的珠宝品牌，同时

开设珠宝实体门店的成本较高, 这些因素限制了线下珠宝企业的发展。而新零售线上与线下融合的模式能够扩大品牌的覆盖面, 同时借助互联网, 珠宝零售商还可以打破以往在产品供应体系上的信息不对称问题。此外, 由线上起家的珠宝品牌通过开设线下实体门店也可以完善品牌形象。

总体来说, 电子商务欠缺的有三点: 体验、服务、信任。而新零售的模式能够补充电商所欠缺的三点。珠宝产业将线上与线下结合, 可以让消费者实际体验产品, 方便消费者解决产品的售后问题, 提高消费者对品牌的信任度。

电商的出现曾经彻底改变了零售行业, 但是对珠宝产业来说, 电商之路并不是十分顺利。一方面珠宝产品不属于快销品, 并且大多数珠宝产品不属于标准产品, 因此, 消费者在挑选时注重试戴体验, 这决定了消费者在情感上更倾向于到实体店购买。另一方面, 珠宝产品普遍价格较高, 信任成为珠宝电商企业和消费者之间的一道巨大的鸿沟。而线上与线下融合的模式使传统互联网珠宝企业打破了过去横亘在消费者和珠宝企业间的信任壁垒。

同时, 在消费者地位越来越重要的今天, 对企业服务提出的要求也越来越高。而线上模式在服务方面同样存在一定的缺陷, 不少珠宝企业由于这个原因对"线上电商"并不怎么看好。但我们通过分析之后就会发现: 通过线上与线下融合的方式, 上述几个问题已经得到了很好的解决。

线上与线下融合的模式为珠宝企业解决的问题, 如图 2-19 所示。

图 2-19 线上与线下融合为珠宝企业解决的问题

◆ **体验**

和其他行业相比，珠宝产业在发展线上有一定的特殊性。珠宝产品更需要体验。普通商品如图书、家电等产品都有统一的标准，消费者在选择上不需要考虑太多，直接购买就可以。但是珠宝不同，珠宝的单品价格较高，同时消费者对珠宝有较高的审美要求，所以只有实际体验才能让客户更加放心。

未来的珠宝市场是需求化的市场。**不再是企业销售什么客户就买什么，而是客户需要什么企业就销售什么**。因此，企业要想办法满足客户的各种个性化需求，其中最重要的个性化需求就是体验需求。

显然，体验对电商珠宝企业来说是一个无法言说的痛。消费者没有体验，自然就会降低购买产品的意愿。然而通过线上与线下融合的模式，珠宝企业可以线上营销引流、线下提供体验，从而很好地解决了线上体验欠缺的问题。

同时，通过这种模式，线下店面可以灵活运用网络库存优势减少库存积压，并且通过线上与线下的全面融合，让店面覆盖范围更广，为消费者带来更佳的体验。

◆ **服务**

消费者在购买产品之后，并不代表和企业的关系已经结束，因为消费者还需要考虑售后问题，如珠宝日后的清洗、保养、维修等。售后是企业服务的重要组成部分，只有提供让消费者满意的售后服务，消费者才能对企业的品牌有好的印象，成为企业的忠实粉丝。这一点在未来的商业竞争中非常重要。然而在这方面，线上电商就显得略有不足，无法完全满足消费者的需求。即使企业愿意为消费者提供售后服务，但是因为时效性和便捷性无法和线下实体售后抗衡。而新零售开创性地打破了线上与线下的限制，消费者既可以通过线上享受舒适的售前服务，又可以在线下享受便捷的售后服务。

◆ 信任

绝大多数企业和消费者之间的交易行为是建立在信任基础上的，可以说消费者对企业的信任是一家企业立足于市场的基石，尤其是对珠宝产业来说。然而线上电商虽然为企业提供了更多流量渠道，拓展了企业的市场范围，但也让消费者对企业的信任蒙上了一层阴影。虽然线上电商经过几年的发展，已经非常成熟，但是和线下实体门店相比，在信任上还是有着先天不足。因为消费者和企业接触、沟通都是通过网络，对企业的实际情况以及产品没有足够的了解。

新零售线上与线下融合的方式为企业解决了这个问题：**消费者可以通过网络寻找商家，然后到商家的实体门店体验或者购买，消费者对企业的信任度也得到了极大的提高。**

大多购买力强的消费者已不年轻了，他们暂时不适应网络购买的方式，所以珠宝线下电商把握的就是还不适应用互联网购买珠宝，但是极具购买力的中老年人，把握了他们就是把握了现在的市场；线上作为新兴的渠道，更适合年轻的白领阶层，他们的购买力也许不够强大，但是他们的人口基数大，最重要的是只有把握住这群人，才能把握住未来的市场。

从现在来说，线上用户的消费能力还比不上线下，但是随着网络新生代原住民的成长，消费人群也在逐步分层，线上人群的消费能力会增长得越来越强。

以淘宝来说，根据阿里集团财报，淘宝网目前拥有数亿名消费客户，而淘宝拍卖会就是针对互联网高端消费客户的平台。

目前，在淘宝拍卖会珠宝玉翠类目中，平均消费客单已经超过了一万元，司法拍卖的商品则大多以百万元、千万元为单价。

所以，新零售带给传统珠宝企业的新挑战是如何把线下与线上完美融合：**关键是能够覆盖所有的消费者，实现对用户线上与线下全渠道的覆盖。**每个互联网的电商平台都是企业可以低成本获取客户的渠道；而每次为电商平台推广，都是企业得到发展的机会。

在 B2C 渠道，可以选择的有天猫商城、京东、唯品会、1 号店等。

同时，新零售要求的是全面打破线上与线下的壁垒，产生"1+1>2"的效果，这对珠宝企业来说仍旧任重而道远。新零售的出现对珠宝企业是一个挑战，一旦这些企业找到突破口，将迎来巨大的爆发。

深度：定位 360 度的全渠道营销

珠宝产业迎来全渠道营销时代

在过去的几年里，电商浪潮席卷全国。显然，随着近几年电子商务迅速崛起以及快速完善，网购已经融入消费者的日常生活，众多企业加入电子商务大潮，这对传统实体零售模式是一次巨大的冲击。

电商的崛起让一部分人认为电子商务和传统实体零售是无法共存的，电子商务将会逐渐替代实体零售模式，其实并不是如此。

早在 10 年前，电商模式就已经出现，但是一开始包括珠宝首饰行业在内的传统零售企业对这种新型的销售渠道一直保持谨慎的态度，而自从 2010 年开始，短短几年时间电商的态势已经不可阻挡。从国际零售企业沃尔玛、梅西百货到国内的苏宁、国美、周大福等，各领域的零售企业都已经开始进军电子商务，并且依托线下的巨大优势，一路"攻城略地"，高唱凯歌。

如今的新零售和 10 年前电商模式的处境非常相似，虽然新零售引起了众多企业的关注，但是依然有很多企业对新零售持怀疑态度，质疑新零售发展的前景。而从当前众多行业巨头对新零售的反应来看，未来新零售会成为趋势。

在未来的新零售模式中，电商模式，包括互联网营销、移动互联网营销以及微商正在同传统实体零售模式融合，让不同模式各自发挥优势，形成一种全新的全渠道营销方式。这种新型营销模式将会引发零售行业的一次革命，而对这场革命起到促进作用的是绝对买方市场时代的来临，即消费者彻底摆脱了场景、时间、地域的限制，随时都可以买到自己想要的商品。

面对绝对买方市场时代的来临，珠宝企业必须做出相应的改变，其中包括360 度的全渠道营销策略。虽然电商即将成为过去式，但是珠宝企业在电商时代主要使用的渠道营销模式对新零售时代的珠宝企业依然具有启发作用，因此，在介绍全渠道营销策略之前，我们先了解电商时代珠宝企业主要的渠道营销模式，以及模式具有的优势和面临的挑战。

在中国，20 ~ 45 岁的网民是电子商务面对的主要群体，而这个群体也正是珠宝产业的主要客户群体。实际上，珠宝产业从 2006 年开始就已经尝试在电商中寻找出路。如钻石小鸟、珂兰、戴维尼等都是早期进入互联网的珠宝企业，如表 2-1 所示。

表 2-1　珠宝首饰行业发展的 3 种模式

渠道模式	代表品牌	实体店形式	优势	潜在挑战
纯电商模式	戴维尼	不开设实体门店	轻资产运营能够在行业变革中抢占优势位置	消费者对品牌的信任度较低，同时缺少对产品的体验
"电子商务＋体验店"模式	珂兰、钻石小鸟、佐卡伊	体验门店主要开设在较发达城市的写字楼区域	解决了电商遇到的客户信任度问题，面对面销售增加了成交概率，客户对品牌的认同度也相应提高	目标群体范围相对较小，这无形中降低了企业的效率，提高了企业的运营成本

续表

渠道模式	代表品牌	实体店形式	优势	潜在挑战
"传统连锁店面+电子商务"模式	周大福、周生生	拥有成熟的体系、完整的线下实体连锁店网络	优良的产品配合合理的价格运营机制，互联网等渠道帮助扩大了品牌影响力和竞争力	模式需要强大的管理运营团队在背后支持，企业运营资产较重

表 2-1 中的珠宝企业虽然使用的模式各有不同，但是有一个共同点，就是开始通过多种媒体渠道发展自己的电子商务，其中，天猫、京东等第三方平台是这些珠宝品牌首选的电商平台。此外，微博以及微信等社会化媒体也成为扩大品牌影响力的重要工具。

我们通过了解电商时代珠宝产业的主要的渠道模式，总结了每种模式的优势以及潜在的挑战。不过根据目前新零售的发展趋势，再结合电商时代珠宝企业的主要模式，我们可以得到以下两个结论。

结论 1：虽然线上渠道在企业的营销模式中占有重要的位置，但是在新零售模式中，将线上与线下结合起来才是珠宝产业的发展趋势。

2017 年中国网络零售额达到 7.2 万亿元，同比增长 32.2%，排名世界第一，占社会消费品零售总额的 35%。而在 2011 年，网络零售额仅占社会消费品零售总额的 5%，但是珠宝产业的网购比重一直远低于平均水平。这就涉及珠宝产业的特殊性，如单价较高、需要较高的信任度等，这在前面的内容中也提到过。线上与线下融合，线上发挥营销、传播等作用，同时线下体验和服务做到极致，这才是珠宝产业未来的主流模式。

结论 2：珠宝企业是典型的传统企业和家族企业，除了少数规模较大的龙头企业，大多珠宝企业是地方品牌割据一方，即使是过去的互联网大潮也并未彻底改变珠宝产业的这个特点，只是催生了少数纯电商珠宝企业。而随着新零售模式的到来，这个局面将会被彻底改变。特别是有了周大福等大型珠宝企业做尝试后，中国必将有一大批本土珠宝企业借助新零售模式扩展自己的势力范围。

珠宝 + 微博：7×24 小时全天候客户维系

新零售改变的不仅是珠宝企业的经营模式，还有消费者的思维。

互联网的发展已经非常成熟，如今网络深入每个人的生活，带来了巨大的便利。不过互联网带来的除了便利之外，还有无处不在的广告营销信息。面对海量的广告信息，消费者已经逐渐厌倦。因此，**珠宝企业要想吸引消费者的关注，需要运用消费者喜欢的方式与他们建立联系，将他们转化为自己的品牌粉丝。**

新浪微博发布的数据显示：截至 2017 年 3 月 31 日，微博月活跃用户量达 3.4 亿，其中相当一部分用户拥有高学历。虽然这个数据和中国互联网用户的总数相比并不多，但他们是最容易接受新鲜事物的人群，也是在消费者群体中购买力较强的人群。

◆ 营销理念：一切行动都应该围绕客户展开

微博营销：一切行动都应该围绕客户展开，如图 2-20 所示。

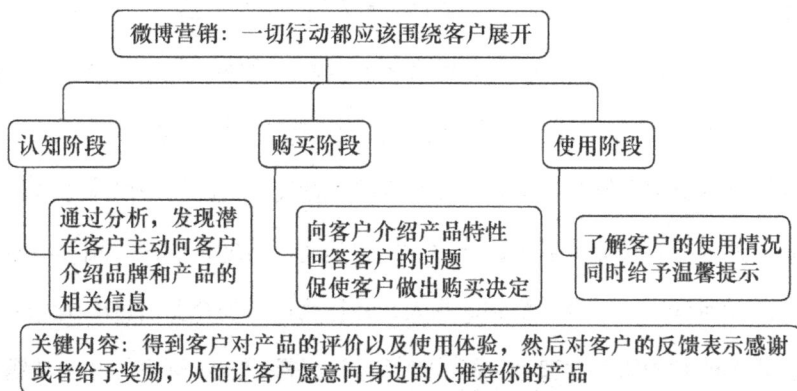

图 2-20　微博营销：一切行动都应该围绕客户展开

将客户作为中心，根据不同客户进行有针对性的精准营销以及主动式服务营销，也就是在一个恰当的时间把正确的信息带给需要它的人，这就是微博营销的关键，同时也印证了微博营销的理念："一切行动都应该围绕客户展开。"

在不同的消费阶段，客户的需要也是不同的，因此，**企业与客户互动的内容也需要根据阶段的不同而发生改变，从而同客户建立情感关系。**

在客户处于认知阶段时，企业可以通过分析，发现潜在客户，主动向客户介绍品牌以及产品的相关信息。

在客户购买阶段，根据客户类型的不同，有针对性地向客户介绍产品的特性以及回答客户的问题，促使客户做出购买决定。

在客户使用阶段，了解客户的使用情况，同时给客户提供一些关于产品使用的温馨提示。

最关键的内容是得到客户对产品的评价及使用体验，然后对客户的反馈表示感谢或给予奖励，从而让客户愿意向身边的人推荐你的产品。

◆ *微博营销的商业价值*

在推特上，每天有大量提问者提出问题，想在推特上得到答案，其中 66% 的问题和商业内容有关，"产品建议""技术支持""产品体验"等最多。与普通网友的回答相比，80% 的提问者更愿意相信企业的回答，并且超过一半的提问者会因为企业的回答选择关注这个企业，甚至直接购买该企业的产品。

这就是社交平台给企业带来的巨大商机，社交平台的用户群体也就是众多电商企业追求的高转化率群体，同时他们也是能够帮助企业进行品牌传播的关键人群。如何从社交平台上找到这些人，并且将自己的企业信息准确地传达给他们，获得他们的信任并建立良好的关系，这是需要企业解决的一个难题，一旦问题得到了解决，摆在企业面前的将是一座储量惊人的巨大金矿。

◆ 微博营销的意义

（1）发布既能够传播企业品牌，又能够使用户感兴趣的内容，以此达到用户主动帮助企业传播品牌的目的。

（2）通过有奖转发等活动，快速推广新产品。

（3）微博营销是所有网络营销方式中成本较低、见效较快、性价比较高的一种营销方式，同时也是企业绝对不应该放弃的阵地。

（4）从微博上可以了解大众对品牌的看法，出现品牌负面信息时，通过微博可以及时公关处理。

（5）第一时间得到客户的反馈，了解客户对产品的意见和建议。

◆ 微博营销的几个关键词

微博营销的关键词，如图 2-21 所示。

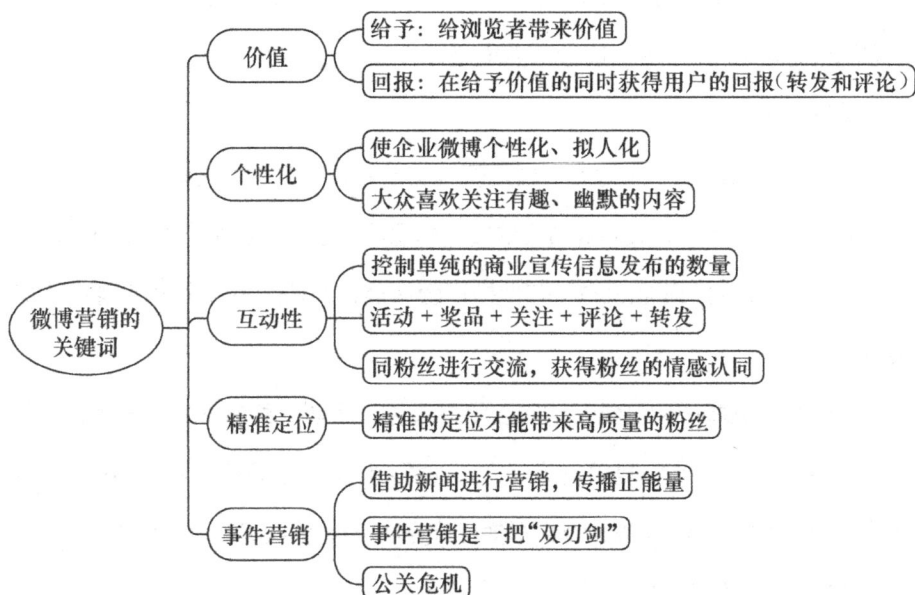

图 2-21　微博营销的关键词

关键词 1：价值

珠宝企业要想进行微博营销，需要清楚一件事，就是要想得到"回报"首先要"给予"。现在微博用户众多，评价一个微博是否有价值要看它能不能为浏览者创造价值，只有微博具有了价值，企业才能通过它实现自己的目的，得到回报。

关键词 2：个性化

微博是一个展示的平台，即使是企业微博，也不要仅仅将微博当作冰冷的信息发布工具，有个性的微博才是浏览者喜欢的。你的微博如果和其他众多微博一样，发布的内容没有任何特点，那就是一个失败的微博。这一点和品牌与商品的定位一样，必须有个性特征。这样的微博才能增强用户黏性，持续获得粉丝的关注和支持，因为此时你的微博具有不可替代性与独特的魅力。同时，有趣也很重要。我们可以发现一个特点，就是无论在国外的推特、Facebook 上，还是在国内的新浪微博、腾讯微博上，有趣、幽默的内容总会受到大众的关注，所以珠宝企业也要使自己的微博变得有趣。

关键词 3：互动性

互动性是微博的一大特点，也是微博能够如此受欢迎的关键所在。企业在进驻微博后要注意：有关商业方面的宣传信息不要超过自己发布的信息的 10%，控制在 3% ~ 5% 是最合适的。其他推广营销类信息应该和粉丝感兴趣的内容融合。

目前，企业微博和粉丝互动的主要方式为"**活动＋奖品＋关注＋评论＋转发**"。此外，只有认真回复粉丝的留言，理解粉丝的内心想法，才能得到粉丝的情感认同。如果在得到情感认同的同时，能够给粉丝提供奖品，那效果将更好。

关键词 4：准确定位

粉丝数量对微博营销来说非常重要，但是同样重要的还有粉丝的质量。不少企业在做微博营销时遇到过：微博粉丝人数众多，但是转载、留言的人数很少，产生的效果和预期的差很多。出现这种情况的原因就是定位不准确。珠宝企业需要根据目标客户关注的信息编辑微博发布的信息，从而引起目标顾客的关注，而不是单纯地为了增加自己的粉丝数量，发布一些符合大众兴趣的内容，这样得到的粉丝数量虽然较多，但都不是自己的目标客户，营销也就没有了效果。

关键词 5：事件营销

珠宝企业必须学会事件营销。在"互联网＋"时代，珠宝企业能否开展低成本、高效率的事件营销越来越重要。塑造和推广品牌需要方法和技巧，并不是说花足够多的钱就能够取得好的效果。我们都知道，从传播效果来看，新闻传播远优于广告传播，并且新闻传播的成本要低于广告传播。所以，如果珠宝企业能够把自己营销到新闻中，传播正能量，就会产生巨大的营销效果。

事件营销其实是一把"双刃剑"，它能够起到提升品牌形象的作用，但也有可能伤害品牌，这就要求珠宝企业足够了解事件营销的运作方式，如果还没有充分了解就随便应用，这对珠宝企业来说是比较危险的。

珠宝企业需要学会应对互联网上突然发生的各种事件与危机，如果珠宝企业不会正确地应对，无法及时制定策略，就会受到影响。当然，如果出现有助于珠宝企业的网络营销时间，珠宝企业就应该抓住机会，借助热点事件营销自己，如果没有抓住机会就等于浪费了一次营销自己品牌的大好时机。

"珠宝＋故事"：打动你的不只是广告

什么样的珠宝广告能打动人？

答案：当珠宝融入广告的故事中，和人们的情感完美结合。

◆ 周生生：打动你的不是广告，而是你自己的故事

周生生曾经推出的"都市微谎言系列"广告大获成功，这个系列营销的卖点在于：推出亲情篇、友情篇、爱情篇等以"谎言"为主题的微电影广告，每个视频既可以被看作广告，也可以被看作微电影。

在亲情篇中，女主角是个女强人，直到深夜还在开会加班，看起来表情严肃、无懈可击，在看到手机上显示妈妈来电的时候，表情却瞬间变得温柔。之后，女强人宣布休息5分钟，然后接了来自妈妈的电话。妈妈在电话那头问："你睡了没？"女强人说："刚刚上床。"在这种微小的谎言中，蕴藏的其实是爱和关心。

之后，通过女强人和妈妈的对话，我们才知道原来今天是女强人的生日。在分切画面中，妈妈和女强人分别在两地诉说，脖子上闪亮的钻石吊坠却是一模一样的，这一刻非常温馨。挂掉电话后，女强人的同事推来了早就准备好的蛋糕，为她庆祝生日。

最终打上周生生的广告词：这一刻的愉悦，是爱也是被爱。周生生的钻石吊坠很好地与整个故事融合。

这些故事是如此简单和平凡，好像我们也曾经经历过。这个广告的理念毫无疑问是出类拔萃的。

以爱情篇来说，周生生的故事理念变成"有人说，就算是Believe(信任)，中间也藏了一个lie(谎言)。在爱情世界里，我们除了相信对方，还要接受小小的善意谎言，两个人才可以执子之手，与子偕老"。

都市微谎言系列很好地把握了人们之间这种因为爱而产生的谎言，观察到了人们含蓄的情感，最终以爱为主题与周生生的产品结合到了一起。

◆ **如何做好珠宝文案**

对珠宝文案来说，最重要的就是设置一个情境，情境对了，文案就对了。周生生一直是国内珠宝企业中广告做得较好的，对情境和故事的把握十分准确。

我们不是说好，要到太麻里一期看千禧年的第一道曙光吗？你却缺席了。

我们错过了 2000 年的第一道阳光。接着，我们错过了阳明山的鱼路和春天的杜鹃，错过了夏天的鸡蛋雪花冰和北海岸的浪，错过了玫瑰盛开、蜡烛点满的情人节，错过了秋天的枫叶，还错过了你的笑容。

那天走在路上，看到你戴上我在情人节送你的裸钻，心里很感动。你知道吗，像我这种一辈子没进过珠宝店的男生，第一次有多挣扎：我不知道你的身高、你的喜好、你的脖子的尺寸，但我一直在店里找和你身形相似的售货小姐。我挑了一条钻石项链请她戴上，幻想你戴上时，钻石垂落的高度，会不会正好对着我心跳的位置，这样子我们拥抱的时候，钻石就可以同时记住你的体温、我的心跳，传达我们意在不言中的感动。

后来，我一个人看了一部电影，我无法忘记男主角对女生说：如果你相信神，所有的偶然都是巧合；如果你不相信神，所有的巧合也只不过是偶然。我和你小学同班，中学同校，然后又不约而同地考上同一所大学。一开始，两个坐得很远的陌生同学，到大学毕业后竟然变成情侣，这到底是偶然还是巧合？如果我们要一起度过童年、经历青春，又为何要让你在 2000 年开始的前一个礼拜离开我？

我已经习惯一个人吃饭，一个人走我们曾一起走过的台北街头，一个人自言自语，一个人旅行，一个人想你。直到昨天，你哭着打电话和我说钻石掉了，我知道，我一个人的习惯又要改变。

我打开存钱罐，那是我们分手后，每天把该请你吃饭的钱，准备带你去看日出的车钱，看电影的钱，想为你买生日礼物、买情人节花束的钱，为你准备旅行的机票、住宿钱……留在里面。我用这些钱买了一个克拉不变，长度也一模一样的钻石项链，我把我们不在一起的 305 个日子买回来，包括那颗错过的日出在内。

我说，项链在我这呢，回来拿吧。

■■

异地恋在年轻人当中一直是热门话题，看了这个文案，很多年轻人会产生共鸣。好像这就是他们自己的故事，周生生在这则文案中，巧妙地把珠宝和"陪伴"联系到了一起，使珠宝拥有了特殊的情感属性。

周大生通过一次为"爱免单"的活动，收获了 5000 万元的销售额。在活动期间，消费者登录周大生社交平台就可以领取优惠券，获得参加免单活动的名额。然后在线下周大生实体门店体验时，有可能得到最高 4999 元的珠宝免单大奖。在这次免单活动中，周大生全国 2000 多家实体门店，一共有 256 家参与。7 天的活动时间，周大生的销售额突破了 5000 万元，其中通过优惠券来到实体门店进行购买的销售额就超千万元，整个活动的优惠券使用率高达 20%。

周大生通过线上的社交媒体，吸引用户前来参与活动，线下实体门店配合线上服务，这种活动就是典型的线上与线下融合的互联网营销活动。

周大生此次活动的战略思路是把线上营销活动作为出发点，然后进行多角度、全方位的部署，具体可以划分为 3 点，如图 2-22 所示。

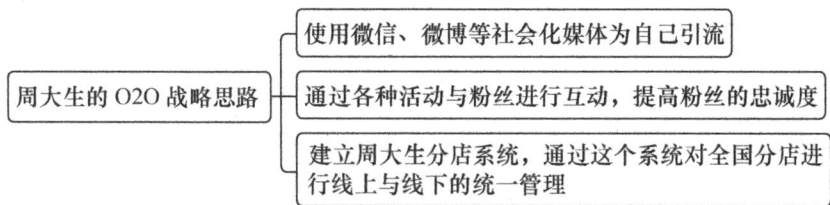

图 2-22 周大生的 O2O 战略思路

在这样的模式下，周大生"为爱免单"的活动取得了巨大成功！

从表面上看，周大生似乎只是在线上推广活动，然后在线下找了一部分实体门店配合线上做活动营销。但是我们如果从另一个角度看待这次活动，就会发现周大生实现了线上与线下的双向融合，总部和加盟商共同推广，并解决了摆在众多想要将线上与线下融合的企业面前的一个难题：线上与线下的冲突问题。

◆ 线上促销宣传，线下加盟渠道全心配合

周大生公司高层这样评价线上与线下融合的模式：在模式中，线下的品牌化和连锁化是模式的主体，作为主体必须遵循企业的发展规律，先将容易开展的业务作为模式的突破口，再整合优势资源，打造模式的基础原型，等待时机的到来，进行全面推广。

对连锁品牌商来说，线上与线下的冲突一直是让企业非常头疼的问题。企业总部雄心勃勃地在线上大力推广活动，然而线下加盟实体店没有多少兴趣，这种让人尴尬的事件屡见不鲜。这次周大生的活动获得了线下加盟商的鼎力配合和支持，成功的关键在于：周大生在这次活动中，让所有参与的门店使用统一的管理系统做营销，这种做法解决了因为门店众多难以统一管理的问题。

"珠宝 + 韩剧"：偶像戴过的都能红

"珠宝 + 韩剧"，是在韩国掀起的珠宝和偶像剧跨界合作的新模式。这种模式目前已经被证明是非常成功的模式，当美丽的珠宝和动人的韩剧结合，或者女主角出场时自戴，或者由男主角深情地送给女主角，总会很快地引起电视剧粉丝的注意。

欧尼（姐姐）戴过的，我要买！

欧巴（哥哥）送给女主角的，我要买！

欧尼代言的，我买！

偶像的号召力是不可小觑的，"珠宝＋韩剧"能够最大限度地掀起粉丝的购买热情。那么，这些韩剧明星戴的都是什么珠宝，这些珠宝又是如何完美地插入剧情的呢？

◆ **J. ESTINA：韩剧中出现得最多的珠宝品牌**

2016年年初，韩剧《太阳的后裔》火遍全中国。那这部火遍全中国的韩剧究竟有多火呢？在该剧收官之后，国内某公司组织员工去韩国旅游，结果在首尔的免税店中，该公司员工一次购买了100条剧中女主角"姜暮烟"所戴的同款项链！

没错，除了该电视剧火遍全中国外，电视剧里多次在镜头中出现的女主角项链也一夜爆红，"姜暮烟同款"成为互联网中的热门关键词。而这款项链就源于韩国的一个珠宝品牌J.ESTINA，如图2-23所示。

我们经常能够从韩国电视剧中看到J.ESTINA的饰品。这个珠宝品牌的出现时间不长，创建于2003年，是以真实存在的意大利公主并且还是

图2-23 《太阳的后裔》中 J.ESTINA 的饰品

保加利亚王妃的吉奥瓦娜公主为原形而诞生的奢侈品品牌。

从创立之日开始，这个牌子就开始了和韩国电视剧的合作，电视剧中的女主角和优美的饰品相得益彰。大多大热的韩剧会带火 J. ESTINA 的 1 ～ 2 款首饰，这些首饰在韩剧中也占据了大量的戏份。

J.ESTINA 不但在 2016 年的热播剧《太阳的后裔》里出现在宋慧乔的身上。在 2013 年的偶像剧《主君的太阳》中，男主角苏志燮送给太恭实的项链也是 J.ESTINA 的，起拍价 1000 韩元的项链，竟然拍出了 300 万韩元的高价，这一方面充分说明了韩剧的号召力，另一方面也证明了粉丝对偶像戴过、用过的物品是非常狂热的。还有同年的热播剧《继承者们》中朴信惠耳朵上的镂空玫瑰耳钉同样出自 J.ESTINA，其他出现 J.ESTINA 的韩剧还有很多，在这里就不一一说了，相信细心的韩剧迷早就发现了这个现象。

除了在韩剧中反复曝光，J.ESTINA 还与当红明星合作，如少女时代、尼坤、金秀贤、好莱坞一线影星达科塔·范宁、艾丽·范宁、宋慧乔、权志龙、孔孝真等，这些明星都属于 J.ESTINA 的阵营，成为它的形象代言人。特别是在韩国与中国都非常受欢迎的女星宋慧乔，在其出演的《太阳的后裔》热播之前就已经是 J.ESTINA 的形象代言人，为这个品牌出席过很多营销活动。

J. ESTINA 的产品主要分两个系列，一个是主打系列，这个系列的产品风格比较公主范，最具代表性的产品就是小皇冠项链。宋慧乔代言的就是这个系列。另一个产品系列是 J. ESTINA Red，走的是高端化路线（其实价位同 J.ESTINA 相差不多）。这个系列的产品风格以简洁利落为主，同 J. ESTINA 系列相比更时尚一些，经常出现在韩剧中的饰品大部分出自这个系列。

◆ **与体育明星金妍儿的合作**

在 J. ESTINA 诸多代言人合作的当中，同体育明星金妍儿的合作值得单独说一下。从 2008 年起，金妍儿每次参加大赛，J.ESTINA 都会为她专门设计一款带有皇冠标识的首饰，每次金妍儿比赛胜利都有 J.ESTINA 的首饰出现在她身上，这让 J.ESTINA 的小皇冠饰品备受关注，更是成为胜利的象征。

◆ DIDIER DUBOT：《来自星星的你》的求婚戒指，销量暴增 2.5 倍

说起韩剧当中的珠宝饰品，还有一个品牌不得不提，这个品牌就是 DIDIER DUBOT。有趣的是这个品牌来自法国，但是因为韩国女明星全智贤代言才被众人了解，如今也是被众多韩国女星喜欢的一个品牌。

韩剧《来自星星的你》播出时也受到了无数人的追捧。在剧中，女主角的穿衣风格不断变化，各种名牌单品经常出现，这让不少人说这部韩剧还是一部时装大片。而除了女主角的服装外，她所佩戴的珠宝配饰也被无数人热捧，这部剧播出之后，市面能看到各种"千颂伊同款"的珠宝。如都敏俊教授送给千颂伊的求婚戒指，就是法国珠宝品牌 DIDIER DUBOT 的。1000多元，就能买到外星人教授送给大明星的求婚戒指，这对韩剧粉丝的吸引力毫无疑问是非常巨大的。这款戒指随着该剧的播出，销量在短时间内大幅增加，达到平时的 2.5 倍，而 DIDIER DUBOT 暂时只在法国、美国和韩国出售。

在电视剧《主君的太阳》中，男主角是拥有大商场的超级富人，但是他送给女主角的项链是 J. ESTINA 价值 300 多元的银制项链。这条以太阳为主题的项链造型简单，价格便宜，在电视剧播出后，迅速掀起了粉丝的购买热潮。

因为韩剧而大卖的还有一个珠宝品牌值得一提，即 Tirr Lirr。Tirr Lirr 也是韩国的本土品牌，虽然品牌的名气不是很大，但是产品在包装和设计上迎合了当下年轻女性的需求。在韩剧《制作人》中 Tirr Lirr 项链出现过，也引起了热卖。

与国际上的一线珠宝品牌相比，这些在韩剧中经常出现的珠宝品牌价格较大众化，款式新颖和多变是它们共同的特点，每种款式显示出的风格都和剧中女主角的性格相对应。如果再能与剧情完美融合，一定会引起抢购的热潮。

🔍 周生生：开启网络情感营销之旅，销售额环比增长 466%

和其他产品相比，珠宝似乎更适合通过情感打动消费者。周生生在入驻天猫商城的珠宝企业中是第一家使用情感营销的企业，它的成功让其他珠宝企业开始意识到情感营销的重要性。

◆ 周生生情感营销第一波："爱·回家"

周生生的"爱·回家"活动，如图 2-24 所示。

2013 年的情人节正好和春节假期重合，很多小夫妻在商量春节去谁家过年。这些小夫妻大多是独生子女，所以去谁家过年这个问题让这些小夫妻十分纠结，有些甚至因此发生争吵。

图 2-24　周生生的"爱·回家"活动

周生生从这种社会现状中发现了机会，于是策划了一场"爱·回家"的营销活动。在这场活动刚开始时，效果并没有预期得那么好。但是活动结束之后，周生生的天猫店铺日均销售额同活动之前相比增长明显，其增长速度远超其他珠宝企业，这种情况让周生生有些意外。之后周生生从这个活动中意识到：珠宝似乎更适合通过情感打动消费者。

"爱·回家"活动让周生生尝到了甜头，之后的情感营销一发不可收拾。

◆ **周生生情感营销第二波：妈妈的谎言**

如果说周生生情感营销的开始是"爱·回家"活动，那么周生生情感营销的爆点就是"妈妈的谎言"。在母亲节到来的前夕，周生生以母亲节和"母亲"作为核心理念，推出了一系列母子款产品：每款产品都有一个有关母子的小故事，如妈妈扶着年幼的孩子蹒跚学步、送孩子上学等，很好地把母子关系融合到了珠宝设计中。产品有了，概念也有了，时间也契合了，该怎么营销呢？于是，周生生以"妈妈的谎言"为主题策划了一次情感营销活动，如图 2-25 所示。

图 2-25　妈妈的谎言

小时候，我喜欢吃芒果。妈妈总会把芒果切成花一样给我吃，我发现每次妈妈吃的那一块都和我的不同……

"妈妈，为什么你的芒果和我的不一样呢？"

"因为妈妈最爱吃这块呀。"

自认懂事的我总把妈妈爱吃的让给她。我很好奇，妈妈的那块真的那么好吃？于是有一天我偷偷拿起妈妈的"最爱"大口咬下去……牙好疼，原来是芒果核！

现在我有了个同样爱吃芒果的女儿，和妈妈一样，我也很用心地把芒果切成花一样给女儿吃，女儿也问了一个同样的问题："妈妈，为什么你的芒果和我的不一样？"

和妈妈一样，我对女儿说了个谎："因为妈妈最爱吃这块呀。"

妈妈的谎言原来是可以传承的，如同母亲对孩子的爱代代相传，周而复始，生生不息……

感恩·母亲节——周生生如图 2-26 所示。

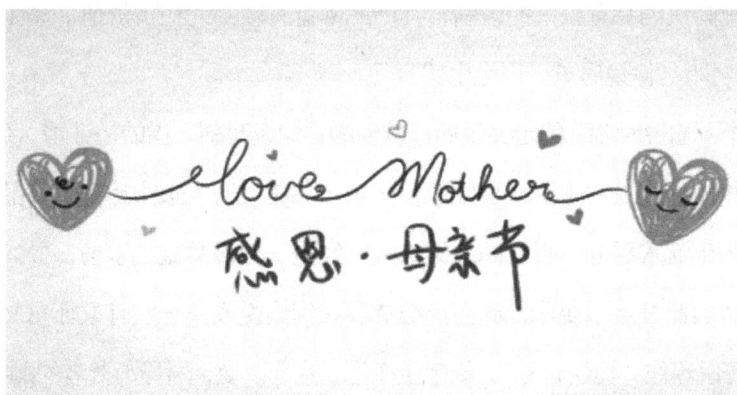

图 2-26　感恩母亲节

妈妈的谎言，其实是让消费者回想在自己的成长过程中，妈妈说了哪些"谎言"。而这次活动揭穿了妈妈的这些"谎言"，如"妈妈不喜欢吃鱼""妈妈已经吃过了""妈妈不冷，棉衣给你披着"。引发消费者通过周生生的母子系列产品回报妈妈对自己的付出，表达自己对妈妈的爱。

周生生通过节日的机会进行情感营销，找到提高销量的突破口。

这个活动非常成功：天猫推广和微博推广两者相互配合，取得的效果非常可观——2.9亿的曝光次数，8.7万的互动参与人数，连明星母亲黄奕也购买了周生生的母子款产品，作为母亲节送给自己和妈妈的礼物，并且在自己的微博中晒了出来，也为周生生做了宣传。

最终，周生生完成预定销售目标181%，环比销售额增长高达466%。在活动期间，周生生在天猫搜索结果前十二名的覆盖率超过第二名31%，达到58%。

那么，这个活动取得成功的要素在哪里？

从母亲节活动开始，周生生开始有意在情感营销的同时把握住"节日性营销"。**节日性营销就是抓住每个消费者会关注的时间节点进行营销。**

珠宝同快消品有很大的区别，其产品本身有较高的经济价值。周生生曾有一句广告词："愉悦时刻，周生生。"

这个"愉悦时刻"的定义很妙：曾经的"愉悦时刻"指的是订婚、结婚等；与现在相比，过去的生活水平较低，珠宝产品在普通人眼中还是奢侈品，但是随着人民生活水平的不断提高，买珠宝已经是一件很常见的事情，"愉悦时刻"的定义也因此发生了变化，现在当消费者感到愉悦或在一些有象征意义的节日时，都可以称作"愉悦时刻"。周生生抓住了这个改变，引导消费者的购买行为。

周生生情感营销的诉求在于：**希望消费者能够通过自己的产品纪念每个有意义或愉快的时刻。**周生生通过营销活动为珠宝产品附加了情感属性，再借助具有情感色彩的节日进行活动营销，因此很容易引起消费者的情感共鸣。

◆ **周生生情感营销第三波：与微博红人合作**

周生生自从以"妈妈的谎言"为主题的情感营销大获成功之后，情感攻势就成为周生生电商营销的主要策略。就在"妈妈的谎言"过去一年之后的又一个母亲节，周生生以"妈妈的世界很小"为主题再次进行情感营销，这次营销战场包括了微博、微信平台。在距离母亲节还有一周时，"妈妈的世界很小"就成为微博的热门话题之一，最高跻身微博热门话题排行榜的第九位。

同网红合作，以"妈妈的世界很小"为主题展开营销，如图 2-27 所示。

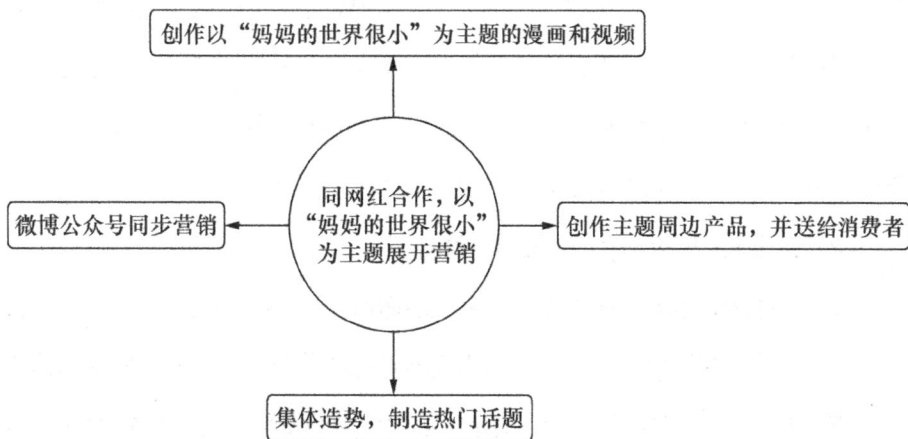

图 2-27　同网红合作，以"妈妈的世界很小"为主题展开营销

母爱总是时刻伴随着孩子，孩子就是母亲的全世界，孩子的世界内容丰富，有各种各样的人和事，相比而言，妈妈的世界显得非常小，因为她的世界一直都是围着孩子转的。基于以上理解和诉求，周生生打造了这次以"妈妈的世界很小"为主题的营销活动。"妈妈的世界很小"和"我的世界很大"形成鲜明对比，触动了很多网友。

母亲节作为重要的时间节点，很多商家会参与母亲节营销活动，为了能够让"妈妈的世界很小"从众多营销主题中脱颖而出，周生生选择与网络红人美女漫画家"伟大的安妮"合作。

"伟大的安妮"在微博有庞大的粉丝群，位列漫画微博漫画名人榜的第一位。能够打动人心是她创作漫画的一个特点，也正是因为这个特点，她的作品总是受到众人的追捧，经常能够进入热门微博前十名。周生生根据"伟大的安妮"

的身份特点，展开了一系列营销，主要包括下面几点。

（1）创作以"妈妈的世界很小"为主题的漫画和视频

"伟大的安妮"是因为创作漫画而走红的，所以她首先以"妈妈的世界很小"为主题，创作了同母亲节相关的长漫画。漫画中表达的"妈妈的世界很小，只装满了我"的情感打动了无数人，并且在漫画中巧妙地加入了当时周生生网上商城主推的新品"六字大明咒吊坠"。同时，周生生还将漫画做成了视频，更形象地展示了故事，视频的形式也有助于在社交平台上广泛传播。

（2）创造主题周边产品，并送给消费者

为了让主题表达的情感落地，周生生还邀请"伟大的安妮"参与设计一款限量的淘公仔，赠送给参与营销活动以及购买产品的消费者。当时"伟大的安妮"在微博拥有超 400 万名粉丝，所以周生生给"伟大的安妮"提供了 50 对限量淘公仔，在微博上发起了转发奖励公仔的活动。活动开始之后，仅一天的时间就有 2 万名用户参与，如图 2-28 所示。

图 2-28　"伟大的安妮"微博截图

（3）集体造势，制造热门话题

周生生在微博上与"伟大的安妮"的合作，为即将开始的母亲节营销打下了良好基础，但是如果想让话题更具有持续性和轰动性，仅靠一个网红微博是不够的，需要更多的公众微博加入进来，集中为其造势。所以周生生联合了多位微博意见领袖共同进行传播推广，让更多的微博网友了解这次活动。与此同时，周生生在"妈妈的世界很小"话题页面，开展了抽奖活动，这个活动吸引了 22 万名微博用户参与。

（4）微信公众号同步营销

除了微博，微信也是周生生的主战场之一。微博有较强的媒体属性，微信与其相比，更有个人属性。周生生在微信特别推出了一项活动：只要订阅周生生的微信公众号，然后发送自己的名字和妈妈的特别日子，就可以为妈妈领取专属优惠卡，凭此卡到周生生购买珠宝可以优惠 5%。

专属优惠卡不仅能够在母亲节得到优惠，在其他任何与妈妈有关的节日消费也都可以得到优惠，对周生生来说，专属优惠卡可以提高客户购买产品的意愿。

周生生认为评价一次营销活动是否成功，主要看能不能上微博热门话题榜，话题达到一定热度离不开大量网友的参与，因此话题的阅读次数、讨论量也能够反映话题传播的效果。

从数据上看，周生生"妈妈的世界很小"的话题营销，在母亲节前夕仅用了 8 天就取得了非常好的效果：微博活动文章阅读量 2261.1 万，讨论量 23 万。

除了数据非常抢眼，许多知名博主也主动参与，借助这个话题为自己做推广。至此，"妈妈的世界很小"已不再是周生生自己的营销主题，而是成为一个社会话题。"妈妈的世界很小"的话题虽然以微博平台作为发起地，但是产生的效果已经扩展到微博以外。和"妈妈的世界很小"有关的内容在百度搜索上也被大量收录。

◆ 情感营销使产品的附加值增加

其他行业为了推广自己的电商平台通常使用降价促销的方法，而现在珠宝产业的利润空间已经较小，这种方法显然不适用。所以周生生选择了以情感营销的方式为电商做推广。一方面在京东和天猫平台上投放站内广告引流，另一方面用"伟大的安妮"的漫画作为旗舰店内营销活动的核心素材，激发对母亲的感恩之情。如果用户将活动转发到自己的微博上，还可以获得奖励。这种做法使电商平台与微博平台相互导流。活动结束后的统计数据显示：在活动期间，周生生在京东和天猫店铺的日均独立访客数提高了61%与127%，同上一自然月相比，该月日均销售额分别提高了59%和48%。

◆ **情感营销的关键：选择合适的时间节点**

利用节日提高销量是淘宝一直喜欢使用的方式，珠宝企业的营销和推广也应该围绕节日进行。在与感情相关联的时间节点配合容易引发消费者共鸣的情感营销，珠宝企业可在不用压缩利润空间的情况下达到预期的活动效果。**选择精准的时间节点是情感营销取得成功不可或缺的因素。**

所有已经入驻淘宝和天猫的珠宝商都应该发现了：如果将淘宝一年中所有营销的时间节点连接起来，就会形成一条完整线，大体上就是一年中各个节日的营销再加上年中和年底的促销。进驻淘宝一段时间的商家或有经验的买家很容易就能发现淘宝营销的时间节点轨迹。所以，根据自己经营的商品不同，商家只需要选择适合自己的时间节点进行有针对性的营销活动，就能够产生不错的效果。

Darry Ring 钻戒：与情感需求结合，一生只能购买一次的新噱头

打开 Darry Ring 的官网，你能看到如下的字。

20 世纪 90 年代，Darry Ring 就在中国香港开始从事裸钻高级定制，以寻求、欣赏珍宝的眼光、苛刻的甄选标准，搜集来自世界各地的珍稀钻石。这些具有

卓越品质的钻石, Darry Ring 只提供给少数顶尖珠宝商, 让钻石在不同的珠宝艺术大师手中演绎绝美的工艺创作。Darry Ring 有着世间最独特的规定, 每位男士凭身份证一生仅能定制唯一一枚戒指, 赠予此生唯一挚爱的女子, 以示"一生只爱你一人"的至高承诺。

Darry Ring 的主打理念是"一个专注于打造求婚钻戒以及传播浪漫真爱文化的珠宝品牌"。Darry Ring 成立于 20 世纪 90 年代, 隶属香港戴瑞珠宝集团有限公司。从成立开始, 该品牌就立下一条独特的规定: 一位男士一生只能购买一枚 Darry Ring 的钻戒。这种"一生仅一枚"的噱头, 很好地迎合了人们对婚姻和爱情的美好期望。这实际上是一种非常聪明、非常贴合消费者情感的营销方式。

Darry Ring 主打的理念是"一生·唯一·真爱", 对年轻人来说, 这无疑是非常浪漫的事情。一生仅此一枚, 是年轻人对婚恋的愿望, 既可以被看作男士求婚时的承诺, 又能迎合女孩子的心思。

讲述粉丝自己的故事, 增强用户黏性。Darry Ring 这个号称男士凭身份证仅能购买一枚的钻戒品牌, 也是情感营销的高手。它征集了一些非常感人的粉丝故事, 然后发布在文艺青年的主要基地——豆瓣上。

打开豆瓣上的 Darry Ring 日记主页, 你能看到如下内容:

他愿意成全我的粉色控 (DR 粉丝故事);

女汉子的甜蜜爱情 (DR 粉丝故事);

大我 9 岁的大叔 (DR 粉丝故事);

我和瑞士男友的爱情故事 (DR 粉丝故事);

萝莉和大叔的幸福生活（DR 粉丝故事）。

翻开其中一篇，故事写得颇为动人。

和你在一起，我就决定，这辈子就是你，你的好、你的坏都不影响我愿意和你在一起。

和你在一起 5 年，还记得你第一次拉我的手时，非常紧张，不好意思地对我说："月亮真圆啊。"

我喜欢走在你的左边，可是每次过马路有车的时候，你都走在我的左边。

以前吵架的时候，你虽然不和我讲话，但是看我冷，就给我拿衣服和被子；我想喝水，看杯子空了，你马上去倒；过马路还是拉着我。即使我不理你，即使我怒视你，你都不作声，依然做着你想为我做的。

你上夜班经常没法睡觉，可还是早上六点钟起床送我上班，虽然只是坐公交车。

去超市不用我说，你总是自动走到我喜欢吃的零食前。

第一次带我回家见家长，你对我说，不要害怕，在我家只要装几天就可以了，以后咱也不需要和我爸爸妈妈住一起。

第一次去我家吃饭，你和我爸爸喝酒，你紧张地把酒洒了一地，我妈妈笑了，并且喜欢上了你。

爸爸妈妈带我们一起去桑拿中心，出来穿鞋的时候，我坐在旁边休息，你很自然地用毛巾帮我擦擦脚丫，告诉我别湿着脚穿袜子。这个举动把老妈给感动了，她说："知道你懒、你粗心，懂得照顾你，并且一看就知道不是故意做给老人看的。"所以，本来不怎么同意我们在一起的老妈，非常放心地把我交给了你。

你带我去参加你和同事们的聚会，会骄傲地把我介绍给同事和领导。

在外面逛街或吃饭的时候，你会趁没人注意偷偷亲我的脸一下，还带声响的。

给我买衣服的时候，只要我喜欢，你都会买给我，哪怕我嫌贵而故意告诉你不那么喜欢。

我想节省点钱，不花那么多钱买化妆品，对你说贵的化妆品也没什么效果时，你却说，不管有没有效果，你现在还年轻，得买点好的东西。

我喜欢吃粉条，吃饭时就一直吃，你却打我筷子不让我吃，自己把粉条都挑走了，因为怕我挑食不吃别的菜。

你总是对我那么好，是你让我觉得再有钱也买不来这种好。你说 Darry Ring 是代表一生只爱一个人的戒指，你知道后就去预订了。求婚的时候，你说我是你的宝，你会永远对我好。你的 Darry Ring 套住了我的手，也永远地套住了我的心。

这样的粉丝故事无疑是打动人的，很好地契合了 Darry Ring 钻戒的品牌理念，这样的故事也增强了珠宝品牌和粉丝的用户黏性。

营销和情感需求结合的同时，Darry Ring 还融入了明星因素，将情感和明星结合并进行营销，如吴京与谢楠等。

六福珠宝：新零售时代的渠道重构与转型升级

六福珠宝的发展历史

1991 年，中国香港知名珠宝商黄伟常先生创立了六福珠宝。在经营的过程中，黄伟常先生引入现代化管理模式，提升店铺的营运效益，逐步将企业发展为规模较大的六福集团，1997 年六福集团在中国香港交易所主板上市（股份代号：00590）。目前，六福珠宝在全球开设 1650 多家连锁珠宝门店，遍及中国、新加坡、马来西亚、柬埔寨、菲律宾、美国、加拿大及澳大利亚。

推陈出新，创意营销

六福珠宝自成立以来，始终坚持因时制宜。以创新产品及创意营销回应市场转变，捕捉时代商机。早在 20 世纪 90 年代，六福珠宝就注意到珠宝首饰与"爱"和"美"两个概念的紧密联系，遂于 1997 年开始赞助"香港小姐竞选"。在此之前，选美活动的后冠并非采用真钻石制作，"六福珠宝"突破性地以真钻制作金钻后冠，引起社会关注，大收宣传之效，奠定品牌"爱很美"的推广主题。

时至今日，"六福珠宝"凭着敏锐的市场嗅觉，以市场为导向，适时推出不同的产品以满足不同顾客群的需要，并配以有针对性的推广活动，抓住新零售时代的商机。

◆ 重视中等收入市场

随着经济的发展，中等收入家庭持续增加，珠宝首饰不再高高在上，而是形成大众化、日常化的趋势。"六福珠宝"将品牌定位为大众化奢侈品，致力于通过不同渠道进一步渗透中层市场。集团自 2015 年起，连续 3 年举办"六福珠宝赛马日"，邀请多位香港小姐向现场嘉宾及观众完美演绎一系列瑰丽的钻石首饰，借此吸引中等收入人士对品牌的关注。

为了给中等收入人士设计时尚并适合日常佩戴的珠宝首饰，六福珠宝集团除了加强宣传"爱很美"钻饰系列和林峰先生代言的"爱恒久"情侣系列，还推出了国内新生代人气偶像乔欣代言的 Dear Q 系列，客人可以自由搭配串饰，满足自身的个性化追求。而六福珠宝在全球独家拥有的 Goldstyle 系列，更是以精湛的制金工艺倍增足金的硬度，融合设计师别出心裁的创意，打造出效果媲美 K 金款式的足金首饰，吸引了有品位的中等收入顾客群。

现今，都市人追求健康的生活文化，而马拉松正是深受中等收入人群热爱的运动之一。因此，六福珠宝以足金及钻石奖牌赞助北京、上海、武汉等马拉松，向历年来接近 30 万位完赛跑手致意。赛事期间，六福珠宝与智能手机运动应用程序咕咚（Codoon）合作并进行推广，提升品牌的知名度，紧抓中等收入市场带来的商机。

◆ 深耕婚嫁市场

虽然婚嫁是带动黄金首饰的传统动力，但随着时代的转变，婚嫁市场也为珠宝行业带来新的机遇和挑战。六福珠宝品牌一方面坚守传统的黄金首饰阵地，悉心打造"囍爱"结婚金饰系列，将传统婚庆文化完美融入时尚的黄金首饰。另一方面，六福珠宝推出婚嫁钻饰系列，并与国际铂金协会携手推出 Pt"纯·结"婚嫁系列，以吸引喜爱选购钻饰做结婚之用的新人。鉴于时下年轻人喜欢独一无二的婚嫁首饰，品牌推出一系列设计独特的求婚戒和对戒，让新人按个人需要自由组合，搭配自己喜爱的首饰。店铺更是备有多款尺码齐全的结婚对戒供新人选择，以多元化的婚嫁产品及贴心的服务扩大婚嫁市场的份额。

◆ 拓展孩童市场

配合中国推行的二孩政策，六福珠宝推出不同的孩童产品，如"抱抱家庭"系列及深受大人、小朋友欢迎的 Rilakkuma™"轻松小熊"系列。六福珠宝以一众可爱的家庭成员及轻松小熊造型设计出多款首饰产品，并推出多款宝宝礼盒套装，把寓意平安、健康的饰品配以精致的礼盒，作为顾客馈赠他人或自用的最佳选择。

六福珠宝也通过举办一系列的推广活动，包括将"抱抱家庭"成员带到著名游乐园近距离地与市民互动，以建立温馨家庭的品牌形象。

善用新媒体

此外，六福珠宝通过各种宣传渠道，如公关活动、媒体广告、各类型的赞助等，增加品牌曝光率。六福珠宝也抓住了网上推广快速增长的机会，在各大社交平台、门户、视频及搜索网站投放广告，更是利用手机程序及网络红人进行宣传。例如，情人节邀请著名艺人以短片形式分享送礼物给女朋友的心得，并送出六福珠宝 Dear Q 钻石串饰；母亲节举办社交平台挑战活动，鼓励公众拍摄"谢亲恩"短片并上传到社交媒体，于母亲节当日邀请达人出席路演，参加者可现场点唱，凭歌寄意。另外，为配合"爱恒久"系列新品的星际设计理念，六福珠宝邀请系列新品代言人林峰现身"Love Forever 星空幻变之旅"新品发布会，以快闪的形式迅速提升品牌知名度。

趁着近年的手机游戏、电竞、动漫热潮，六福珠宝与《大富翁 9》《王者荣耀》《劲舞团》《天下 3》等一系列著名游戏合作。六福珠宝与经典游戏《大富翁 9》合作，以"六福齐来大富翁"为主题在游戏内植入六福珠宝元素，更推出 H5 手机互动游戏，成功吸引玩家关注，参与人数高达 250 万；又与竞技游戏《王者荣耀》职业联赛（KPL）合作，成为冠军戒指的合作伙伴，并乘势推出王者之心系列产品，联手时尚媒体，由参与《集结吧！王者》的歌手胡夏及联赛冠军战队 QGhappy 佩戴展示，同期举办"KPL 王者荣耀职业联赛"秋季赛文化巡展活动，现场派发足金压岁钱，吸引大批电竞文化爱好者到场，大大提升了品牌在年轻市场的渗透率。

电子商务商机无限

六福珠宝看到电子商务的巨大商机，因此积极发展网上销售，与天猫、京东、唯品会等多个著名电商平台合作，丰富线上产品系列，推出网络专款产品以迎合顾客的口味，并通过清晰的图片和详尽的资料吸引及方便顾客网上选购。例如，提供详尽的产品资料和描述、详细列明尺码、提供从不同角度拍摄的产品照片和模特佩戴首饰的示范照片，并仔细分类产品属性和类别以便顾客搜寻。六福珠宝提供产品包装和运送服务，确保产品在运送过程中安然无损。例如，特别定制包装盒子，内附海绵等物料以加固保护，拍摄包装的过程以确保产品保存妥当，为网购顾客提供与实体店同等的售后服务，加强顾客网上购物的信心。

坚持优质承诺

为顾客提供优质的产品及专业的服务，是六福珠宝自始至终的坚持。

◆ 品质监控

为确保产品质量，六福珠宝从原材料采购、生产、设计到售后服务均一丝不苟。六福品牌在国内有专业设计团队，可以设计多元化的产品以迎合不同顾客的需要。历年来六福珠宝共获得 190 多个设计奖项，足见其受到了业界及大众的肯定。

为了进一步加强品质监控，六福珠宝于广州南沙自设珠宝加工厂房，其品质管理系统通过 ISO9001 国际认证。六福珠宝更是于 1996 年成立全资附属公司——中华珠宝鉴定中心有限公司（中华珠宝鉴定中心），提供钻石鉴定和评级、翡翠及有色宝石鉴定、珠宝质量评估等服务。该中心由一群专门从事宝石及翡翠鉴定的资深宝石鉴定师营运。

除此之外，六福珠宝设立维多利亚珠宝学院，其业务主要是珠宝鉴定及专业培训，并在中国设立鉴定中心分站，为珠宝业界和大众消费者提供服务。学院已通过美国试验所认可局 Laboratory Accreditation Bureau（LAB）的认可，可签发国际承认的 ISO/IEC 17025 钻石评级报告及翡翠（硬玉质翡翠）检测报告。

为了给顾客多一份信心保证，六福珠宝与国际钻石评级及研究所 The International Institute of Diamond Grading and Research（IIDGR）合作，为中国香港和澳门地区的分店的八心八箭钻石提供一份额外报告，让顾客对其所购的钻石产品有更深入、全面的认识。

◆ 优质服务

为呈现六福珠宝殷切、亲和的品牌形象，六福珠宝对追求卓越服务的承诺及坚持从不怠慢，本着"匠心独运、服务为本、以客为先"的精神，在经营理念上以顾客权益为首要，为贯彻"爱很美"的品牌推广主题，推出"六心传为您，因为爱很美"卓越顾客服务计划，用心了解顾客需要，时刻为顾客提供优质的服务。

◆ 购物体验

为了使顾客有宾至如归的感觉，六福珠宝于分店设立会员"优"闲专区，使尊贵会员尊享特别购物优惠、休闲空间以及贴心服务。此外，店内也设置"西式婚嫁"及"中式婚嫁"专区，专区内以温馨、浪漫的粉红色系布置，陈列不同婚嫁系列的首饰产品，让新人及其家人在舒适、宽敞的环境中挑选婚嫁首饰。

第 3 章

珠宝大数据与零售创新

从马云对新零售的描述来看，有一个要素贯穿新零售，如果没有这个要素的推动，对新零售的设想就不可能成功，这个要素就是大数据。

大数据：新零售的灵魂

大数据是新零售的核心驱动力。阿里巴巴官方对新零售的解释是"以客户体验为中心、以数据驱动的泛零售业态"，这说明大数据在新零售中起到了至关重要的作用。阿里巴巴在中国零售领域有着无与伦比的大数据体系，这也是马云最先提出新零售的原因。

大数据：新零售的"中台"

阿里研究院曾提出新零售的"中台"一词，新零售的"中台"由 4 个部分组成，分别是营销、市场、流通链和 C2B 生产模式。我们可以把"中台"看作零售过程中的核心环节。

◆ **大数据的应用，支撑了整个"中台"**

（1）大数据在营销环节

在传统零售模式下，由于消费者画像无法数字化、不够全面、可见度较低，并且传统模式下的营销渠道也不够全面，所以大数据很难在企业营销中发挥其应有的作用。

在新零售模式下，企业通过大数据技术可以获得消费者全面的数据，实现数字化，并且消费者的数据是可视的、可追踪的，同时还可以被优化。零售企业品牌的营销在数据技术的支持下可以全渠道开展。

（2）大数据在市场环节

未来的新市场将会彻底数字化，过去影响传统商业模式发展的地域和时间限制将会被彻底打破。无论消费者和商家处于什么场景，交易都可以快速完成。

（3）大数据在供应链环节

供应链包括 4 个流程：物资流通、商业流通、信息流通和资金流通。同时，数据技术将改变过去传统企业采用生产牵引消费的模式，转而采用消费方式逆向牵引生产的模式。C2B 模式将是未来的主流模式，因为 C2B 模式会让企业变得更加高效。此外，无论是智能物流、数字化供应链、数字化电商服务商，还是实体门店的数字化服务和商品的数字化陈列，都离不开大数据的支撑。

◆ 大数据实现线上线下和现代物流的深度融合

新零售中提到的线上线下和现代物流深度融合，如今美团的模式与之最为接近：客户线上购物，然后去线下店体验，还可以直接让物流配送上门。这样一来，客户购物非常便捷，同时还不影响线下体验。对商家来说，头痛的配送时效问题也得到了解决。这种模式可以帮助客户在线上非常方便地找到所需商品，并找到离他们最近的实体店，还能帮助商家根据客户位置制订合理的配送计划，提高物流配送的时效性，这些都是大数据在发挥作用。

◆ 大数据实现新零售共享

在新零售模式中，共享经济是非常重要的一环。简单来说，共享经济就是将分散在全国各地的零售商家的闲置资源进行共享，实现零售资源的最大化利用。

例如，之前提到的 7-ELEVEn，与其说 7-ELEVEn 是一家零售企业，不如说是一个零售平台。这个平台可以将全国各地的碎片化需求和资源对接起来，提高零售实体门店的效率，而这一切都是建立在大数据的基础上。

🔍 大数据对零售业的价值和意义

如今，"大数据"已经成为当下热门的词汇之一，它广泛地应用于各个行业，改变了无数传统的行业管理和经营思维。

科技改变生活，也改变时代。互联网以及信息技术的快速发展，让每个人产生的数据量以惊人的速度增长。而云计算又让我们拥有处理这些数据的能力，因此，大数据时代就此降临。

在这种大背景下，大数据同样也引起了珠宝产业的关注，改变了传统珠宝企业管理者的思维。如何利用大数据，让其在珠宝产业发挥最大的价值，已经成为当下所有珠宝企业面临的一个巨大挑战。

阿里巴巴对新零售的官方定义强调了两点：客户体验和数据驱动。自从电商开始崛起，客户体验就一直被众多零售企业关注，大家对它的了解也比较多，这里重点介绍数据驱动。**数据驱动指的就是用大数据驱动新零售**，那么大数据是如何驱动新零售的呢?

◆ 大数据的价值

大数据的价值首先在于其可以推动珠宝企业业绩的增长。实际上，不仅是对珠宝企业，对于整个零售业或全行业而言，大数据都能推动其业绩增长，并且起到的作用是至关重要的。

阿里巴巴的盒马鲜生就是一家大数据驱动下的新零售线下超市。盒马鲜生的第一家店铺是上海的金桥店，2016年开业。根据其提供的相关数据，目前盒马鲜生金桥店的线上销售额已经达到了整体销售额的一半以上，这个结果对传统零售企业来说是非常不错的。通过对大数据的管理和挖掘，企业可以更有效地进行管理和服务。这里的管理是指珠宝企业内部的管理，也就是通过大数据实现数字化管理。

在传统珠宝企业内部，内部管理效率低下已经是老生常谈的问题了，但从来没有得到有效解决。如珠宝企业总部制定的政策，零售门店总是无法及时执行。而利用大数据在企业内部实现数字化管理，就极大地提高了信息的同步性，珠宝企业总部也可以实时了解零售门店对新政策执行的情况。

服务针对的就是客户，在大数据的帮助下，零售企业可以为客户带来更加个性化和多元化的服务。珠宝企业在掌握足够多的消费行为数据之后，企业就可以利用这些数据展开精准营销或个性化推荐。

大数据对企业有着强大的推动作用，而数据本身并没有明显的行业划分，这就意味着数据本身或通过数据得到的结果是有价值的。如现在非常火热的共享单车，从表面上看，这些企业似乎并没有多大的盈利空间，但在估值上，这些企业动辄就是数十亿美元。实际上，投资者并非看重这些企业本身开展的业务，而是看重通过这些业务所获得的数据拥有的巨大商业价值。

若将这些数据应用在珠宝零售业，珠宝企业就可以通过数据找到最佳的选址地点，根据客户的性别、年龄、经济能力进行画像分析，帮助其对现有产品和模式进行改进，对新模式和新产品的开发提供信息支持。

◆ 大数据对 B2B 的意义

新零售注重大数据的商业模式，不仅在 B2C 上对珠宝产业有重要意义，在珠宝产业 B2B 领域也同样有重要的意义。

在美国，Rapaport 集团旗下的 RapNet 钻石交易网络将全球近万家裸钻供应商和珠宝零售商整合起来，让零售商可以直接面对裸钻供应商，跳过了中间环节，它的出现也改变了传统钻石行业的格局。

不少珠宝生产加工商从中得到了启发，将自己的产品款式图或 3D 展示图通过互联网发布出去，让零售商可以在第一时间通过 PC 或移动终端了解自己的产品，从而大大减少了消费者掌握最新产品需要的时间，珠宝加工商也因此节省了产品推广成本。这种模式在中国已经出现了一段时间。中国也有一些 App 实现了这个功能：一方面帮助珠宝零售店快速普及钻石标准，另一方面随时查询珠宝的相关证书，实时推送价格，大大提高了消费者的信任度。

我们可以想象，未来类似的大数据应用，当上游珠宝供应加工商开展自己的大数据建设工程，让零售商可以随时掌握上游珠宝的价格以及库存数量，然后在实体门店销售时，珠宝企业的运营成本将有可能大幅下降，这将掀起一场珠宝产业的大变革。

如何让数据变成"有用的"情报

◆ 大数据取代经验

新零售业态需要线上与线下融合，融合的主要目的并不是为了发展 O2O，而是为了新零售企业可以获得更多、更准确的数据。

不过在很多传统的珠宝企业中，数据的应用一直没有得到足够的重视。我曾经和一位北京的珠宝企业老板就大数据的问题交流过，这位老板告诉我："大数据虽然听起来对珠宝企业有较大的推动作用，但是在北京这样的一线城市，人员流动性非常大，很多珠宝门店还开在商业繁华区，流动性就更大了，很难通过数据分析客户习惯。所以，大数据对我们这些珠宝企业没有太大的作用。"

这位珠宝企业老板对大数据的看法其实并非个例，在我接触过的珠宝从业人员中，抱有此类看法的人并不少。这些人在企业营销策略和产品研发设计上并不信任大数据，他们更多依靠自己的经验或相关人员的经验来进行。

而在依靠大数据驱动的新零售中，一切都是可以数字化的。例如，产品陈列、店铺装饰，虽然这些看上去和大数据没有什么关系，但是经过一系列分析和计算之后，这些问题的答案就可以从大数据中得到。

广告界流行这样一句话："我知道广告费有一半浪费了，却不知道被浪费的是哪一半。"这就是传统珠宝零售的真实写照。企业凭借经验知道一半的营销费都被浪费了，但是不知道究竟浪费在了哪里，所以下次营销也只好继续浪费一半的钱。

而在新零售模式中，实体门店可以借助人工智能详细记录客户在店内的购物过程，如浏览过什么产品、浏览了多长时间、最终选购了什么商品等。通过对这些数据的分析计算，企业就可以知道浪费的一半钱究竟浪费在了哪里，从而在下次营销时减少这一半的浪费，提升企业的效率，推动企业的发展。

◆ 大数据需要的是应用，而不是分析

对一些规模较大的零售企业来说，大数据不再是一个专有名词，而是一个顾名思义的词语。因为这些零售企业收集的大数据规模十分庞大。

我曾经了解过一个大型零售企业的大数据系统，其中仅交易数据就有上千万条，包括数百个品牌、上百名客户的交易细节。对普通人来说，这样的数据光是看数量就已经让人头晕，更不用说利用了。而在专业的大数据从业人员眼中，这些数据都是非常宝贵的信息。从这些数据中，他们可以知道不同商品的交易特点、某类商品的促销效果、商场人流和时间的关系、不同会员的购买习惯是什么等信息。

当这些信息通过大数据分析出来之后，似乎大数据就已经完成了任务。因为在大多数人眼中，大数据起到的作用就是通过分析得出这些结果。

　　然而，在新零售模式中，零售企业通过大数据分析出有效的信息是第一步，更重要的是，如何应用这些数据。否则，大数据只分析结果，却没有将结果充分应用在实际中，那大数据就失去了意义。

　　最简单的例子：珠宝企业耗费大量时间和精力建立了大数据系统，从大数据分析结果中得知某个销售区域内的客户对新款钻石吊坠非常有兴趣，但是珠宝企业没有因此做出相应的改变，还是按照既定的营销计划推广新款钻石吊坠，那大数据就失去了意义，因为至少它在钻石吊坠的营销推广上没有发挥应有的作用。所以，用一句简单的话概括：**大数据是用的，不是看的。**

　　不过，对珠宝企业来说，即使得到了大数据的分析结果，要想应用也不是一件容易的事情。因此，珠宝企业通过分析得到大数据，只完成了一部分工作，最难的工作还没有开始。只有有效地将数据分析结果应用到珠宝企业的整体运营中，大数据的价值以及对新零售产生的驱动作用才能体现出来。

　　大数据的核心是从数据中发现隐藏的事实、未来的趋势、消费者的喜好。愿意相信数据，并且能够从数据中洞悉隐藏的情报，这是企业管理者的一种能力。有的企业管理者具备这样的能力，所以他能够从大数据中获得企业的经营之道；而有的企业管理者不具备这样的能力，所以他对大数据中隐藏的危机毫无察觉，大数据的价值也就没有得到体现。

　　因此，大数据技术虽然是数据计算，但最能体现大数据价值的是发现数据背后的情报。那么，对珠宝企业来说，应该如何应用大数据技术，使其为珠宝产业的发展起到推动作用呢？

　　◆ **大数据的实际应用**

　　珠宝企业将大数据结果应用到实际运营，需要通过 4 个步骤完成，如图 3-1 所示。

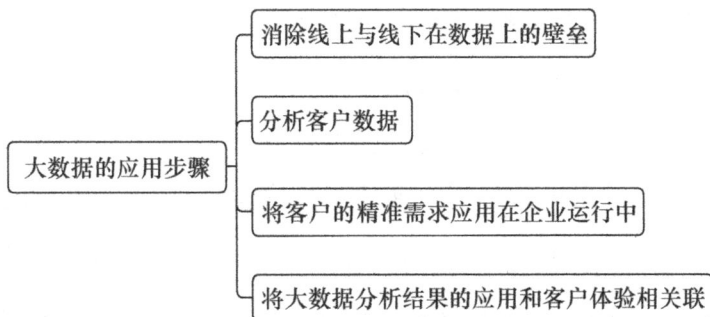

```
                      ┌─ 消除线上与线下在数据上的壁垒

                      ├─ 分析客户数据
    大数据的应用步骤 ──┤
                      ├─ 将客户的精准需求应用在企业运行中

                      └─ 将大数据分析结果的应用和客户体验相关联
```

图 3-1　大数据的应用步骤

（1）消除线上与线下在数据上的壁垒

在新零售模式中，线上与线下都是珠宝企业获取客户数据的主要途径。**线上途径获得的数据包括客户跳转来源、基本注册信息、浏览记录、浏览深度、浏览时间等；线下途径获得的数据包括客户的性别、年龄、在实体门店的浏览记录、试戴记录、购买记录、行为特征等。**

今天，线上数据的获取和分析技术已经非常成熟了。线下实体门店依靠人工智能获取客户数据的技术虽然出现较晚，但是技术已经较为成熟，数据的获取也不是问题了。所以，现在的珠宝企业在获取客户数据上已经没有太大问题了，主要的问题在于如何实现无论客户在何时、何地、运用何种方式想要了解产品，珠宝企业能够及时掌握有关客户的所有信息，继而给客户带来个性化的购物体验。这就要求珠宝企业能够消除线上与线下在数据上的壁垒，实现数据的实时交互。

（2）**分析客户数据**

企业并不能直接使用通过线上与线下途径获取的客户数据，因为这些数据规模庞大，并且杂乱无章。所以企业必须通过数学模型综合分析这些数据，利用数据进行客户画像，并且将画像数字化，最后获得客户的精准需求。

（3）将客户的精准需求应用在企业运行中

企业获取数据是为了应用，提高业绩。这需要企业利用通过大数据掌握的信息，开展有针对性的营销，提供个性化的服务。

当珠宝企业有新产品推出时，就可以根据掌握的客户精准需求去匹配对这款新产品价值较高的客户，然后根据不同客户的具体情况分类，从而进行有针对性的营销，提供客户喜欢的服务，提高其购物体验。**这首先需要将数据分析结果和营销部门对接，其次需要将大数据分析结果和销售部门对接。**

大数据所获得的结果，很大一部分需要营销部门去实现其价值，只有将数据分析结果和企业营销部门紧密连接在一起，才能让数据分析结果和营销工作结合在一起，企业营销人员也才能更好地利用大数据分析结果。大数据分析结果价值的体现，最终还是需要通过销售部门来实现，并且大数据分析结果的很多应用也需要销售部门进行配合才得以实现。

（4）将大数据分析结果的应用和客户体验相关联

新零售是以人为本、以客户体验为核心的商业模式，所以，大数据分析结果无论应用在哪里，都应该和客户体验相关联。企业应该思考如何利用分析结果，才能够为客户提供更好的购物体验。如果数据分析结果的应用无法给客户提供良好的购物体验，那么这种应用就是失败的，也是没有意义的，甚至有时会起到相反的作用。

对企业来说，上面提到的改变并不是一件容易的事情，尤其是对像珠宝这种传统气息强烈的行业，可以说是巨大的挑战。

但是，在新零售时代，零售企业有丰富的技术可以使用，不过只有将技术应用到企业的实际运营中，技术的价值才能得以体现，大数据就是如此。并且，珠宝企业要想跟上行业的发展转型新零售，避免被淘汰的命运，只有选择将大数据应用在企业整体运营中，才能推动企业朝着新零售模式发展。

大数据在珠宝流通中的三大应用

精准获取

◆ **大数据帮助企业掌握客户的精准需求**

对现如今的客户来说，每次消费都要面对无数的选择，甚至他们会因为选择过多而变得有些迷茫。如客户通过搜索引擎搜"钻石项链"，就会出现长达几十页的结果，品牌也是五花八门，包括一线大品牌、二线普通品牌、三四线大家没有听过的品牌……

总之，客户现在不是缺选择，反而是因为选择太多而造成了困惑。一个人在购物上愿意投入的时间和精力都是有限的，面对海量的选择，客户逐渐变得有些疲劳，因为虽然这些选择各不相同，但是内容十分相似：类似的产品、类似的推广方式、类似的促销活动等，客户实际上并不想看到这些，也不想选择这些产品。

对珠宝企业而言，为客户提供个性化的产品和服务，以此提高客户的购物体验，是新零售对所有零售企业提出的要求，也是珠宝企业向新零售转型必须做的事情。

◆ **掌握客户的精准需求，让珠宝企业从被动变为主动**

企业为客户提供个性化的产品和服务，需要建立在一个前提下：知道客户究竟需要什么，也就是掌握客户的精准需求。

珠宝企业掌握客户的精准需求可以从过去的被动变为主动，更加精准地运营企业和展开营销，提供客户想要得到的服务，主动推荐客户需要的商品，这样做才能真正提高客户的购物体验。

同时，获得客户的精准需求还可以有效提高珠宝企业的整体效率。**珠宝企业的营销推广完全数字化、结果可视化**，这有效减少了珠宝企业在营销推广上的不必要的支出，节省了珠宝企业的运营成本，从而提高了珠宝企业的整体效率。

◆ 珠宝企业如何获得客户的精准需求

在互联网时代，数据本身就是有价值的。这也意味着，珠宝企业要想掌握客户的精准需求不是一件容易的事情。企业需要在大数据获取上进行大量的投入，同时还要做好充分的准备工作，才可以保证企业大数据系统的正常运转。

企业将客户所有信息和消费行为都记录下来，这会是一个规模庞大的数据。我们假设一家珠宝企业拥有 10 万个客户，平均每个客户有上百条信息需要记录，总共需要记录和分析的信息数量就达到了千万条，这仅仅是和客户有关的信息。而在大数据的实际应用中，除了需要记录和分析客户的信息外，还需要收集和分析如市场、行业等一系列的数据。

因此，珠宝企业要想充分利用大数据，就需要拥有一套完善的大数据信息处理系统。

这套大数据信息处理系统可以充分将线上与线下渠道结合，获取客户的详细信息和消费行为数据。在海量的信息中，一些信息可以直接被企业使用，而一些信息只有通过复杂的计算和分析之后，才可以得到企业需要的结果。然后企业再将相关的数据综合在一起进行分析、计算，从而获得客户的精准需求。

最后珠宝企业再将获取的数据应用在实际运行中。

精确定位

新零售通过大数据技术将数据和商业逻辑深度结合在一起，这种结合彻底改变了零售行业，做到了过去传统零售无法实现的消费方式逆向牵引生产变革。所以，对传统零售行业来说，大数据就像一对翅膀，当这对翅膀插在了零售业的身上，就可以让其实现优化资产配置，孵化新型零售物种，重塑价值链，促进中国零售行业快速变革。

一家成功的珠宝企业必然拥有精准的市场定位。一个正确的市场定位，能够让珠宝企业品牌的建立提升速度，而利用大数据技术进行市场分析和调研就是企业精准定位市场的第一步。

珠宝企业要想从激烈的市场竞争中找到属于自己的一席之地，需要有完善的大数据战略，提高有关珠宝市场调查的广度和深度，从数据中发现珠宝产业的市场趋势、细分市场的特点、消费者的需求变化、竞争对手的策略等信息。然后科学地分析、管理所获得的信息，优化企业当前的策略，确保企业品牌市场定位的正确性，提升市场对品牌的接受度。

珠宝企业如果想要进入某个未涉足的市场，或者开发某个市场，**首先要分析进入市场的可行性，如市场容量多大？主要针对的人群是哪些？这些人的消费习惯是什么样的？对产品的认知度如何？当前市场的供需情况如何？企业自身的情况是否适合开发新市场？**企业只有确定进入该市场是可行的，才能继续推动计划，如图 3-2 所示。

这些问题的答案构成了珠宝产业市场分析的大数据，对这些大数据进行科学分析的过程，也就是珠宝企业进行市场定位的过程。

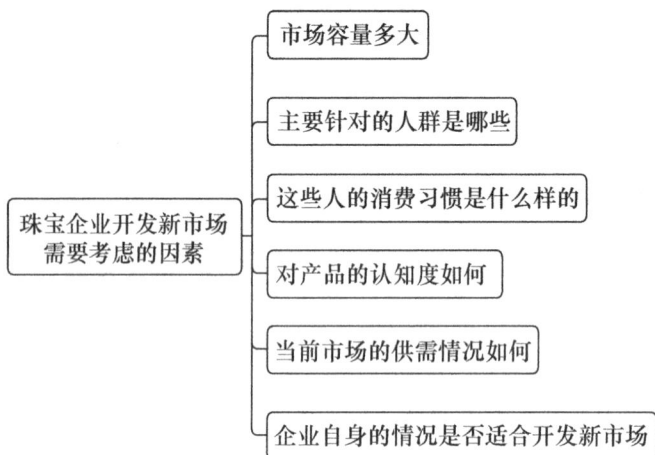

图 3-2　珠宝企业开发新市场需要考虑的因素

企业进入新市场，需要投入大量的资源，如果在市场定位上出现问题，将会给企业带来巨大的损失，甚至有可能因此毁掉一个企业。从这一点就可以看出正确的市场定位对珠宝企业的重要性。

只有市场定位正确，企业才能设计出符合市场需求的产品，让企业在激烈的竞争中找到自己的一席之地。不过珠宝企业要想做到这一点需要大量的数据，供企业管理者分析和判断。

当然，过去的传统珠宝企业也会对数据进行分析，但是分析的数据来自行业报告、市场调查、企业历年数据等。这些数据虽然对企业的市场定位有一定的作用，但是显然存在样本不足、准确度低和有滞后性的缺陷。所以这些数据对珠宝企业的价值是有限的，并且成为传统珠宝企业市场定位的瓶颈。

随着大数据的普及，利用大数据技术，珠宝企业的管理者可以获得更加全面和准确的数据信息，然后对市场进行科学的分析和预测，继而实现正确的市场定位。

🔍 精确计算

◆ 如何利用大数据实现利益最大化

谈到如何使珠宝营销利益最大化，我们首先要引入收益管理的概念。收益管理的概念诞生于 20 世纪 80 年代，是由民航开发的一种谋求收益最大化的经营管理技术。如今这门技术已经被广泛地应用于多个行业，其中就包括珠宝产业，并且受到了广泛的关注。

简单来说，**收益管理就是将正确的商品，在正确的时间，用正确的方式，以正确的价格，销售给正确的客户，从而实现企业收益的最大化，**如图 3-3 所示。企业想要做到这一点，最重要的是需求预测、市场细分以及准确分析。现在我们将收益管理放入新零售的背景下，就会发现收益管理的基础就是大数据。

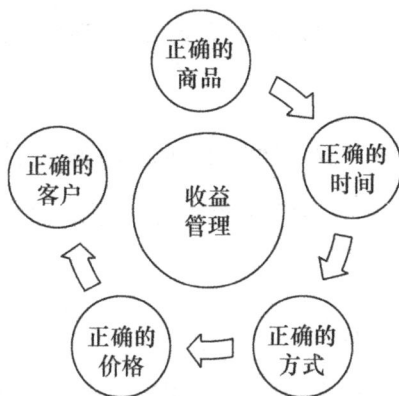

图 3-3　收益管理

需求预测就是企业利用大数据统计和分析技术，通过数学模型计算，获得消费者对珠宝产品的精准需求，掌握珠宝产业的未来动向，从而让珠宝企业可以根据消费者的精准需求以及细分市场的变化调整产品的价格，实现动态定价和差别定价。

珠宝企业通过需求的预测可以对市场和消费者的变化做出预判，做到在市场或消费者需求发生变化时，仍然能够将正确的产品用正确的价格投入市场，使企业的收益最大化。

细分市场是珠宝企业预测产品销量和实现差别定价必需的条件，也只有通过对细分市场的预测和弹性定价，才能实现企业的利益最大化。

准确分析是通过科学的计算，对细分市场的产品价格进行优化，尽可能地提升企业的收益。

在新零售的大背景下，大数据有了充分的发挥空间，这也给珠宝企业的收益管理提供了更大的舞台。

需求预测、市场细分和准确分析需要大量的数据支持，而传统珠宝企业进行数据分析，通常是根据自身的数据以及消费者的数据进行分析和预测，这就很容易让企业过分关注自身的数据，从而忽略了整个行业的数据，分析预测的结果可能存在一定的误差。

所以，珠宝企业在使用收益管理时，如果能够在企业自身的数据和消费者的数据的基础上，获得更多手机行业的信息数据，将会增强企业收益管理的效果。

◆ **实现销售终端效益最大化**

我们通过一张图可以发现实现销售终端效益最大化的秘密，如图 3-4 所示。

从图 3-4 中我们可以得到一个公式：**周围流量 × 进店率 × 成交率 × 连带率 × 零售价 × 折扣 = 企业销售业绩**。

从公式中，我们得知企业销售业绩受到多个因素的影响，因此，企业要想提高销售业绩，就需要从这些因素入手，统计、分析这些数据，从中找到方法。例如，店铺周围的流量较少，企业需要考虑是不是门店选址存在问题，所以营销宣传就需要重点突出门店的地理位置。

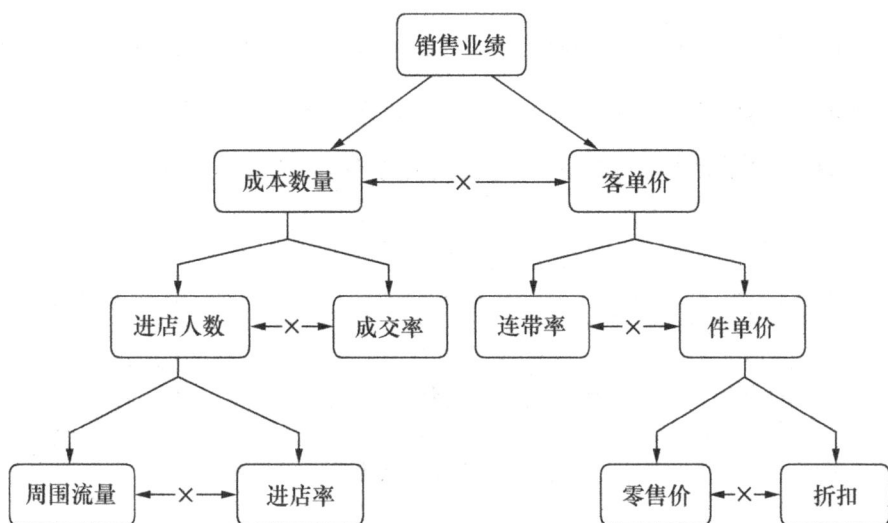

图 3-4　企业销售业绩

如果消费者的进店率较低，企业需要考虑是不是品牌宣传不够，或者因门店装修缺乏特点而无法吸引消费者，此时企业就需要加大品牌宣传力度或重新设计门店的装修。

如果门店成交率较低，企业需要考虑是不是一线销售人员的销售能力有所欠缺，这就需要从人员培训上做出改变。

如果企业发现产品零售价存在问题，就需要研究细分市场和消费者的精准需求，及时调整自己的价格。

如果折扣有问题，可能会削弱企业的市场竞争力，或者降低企业的利润率，企业就需要重新思考折扣方案。

以上所有问题都是珠宝企业在实际运营中需要考虑的，因为这些问题会影响企业的业绩和利润。而这些问题都需要企业利用大数据进行统计和分析之后，才能发现，然后解决。

◆ **找到"消失"的会员**

此外，大数据在企业会员管理上也起到了重要的作用。如现在已经成为企业标配的 CRM 软件实际上就是一个客户大数据分析软件，但是很多企业忽略了软件的这个重要作用，导致企业老会员频频"消失"，如图 3-5 所示。

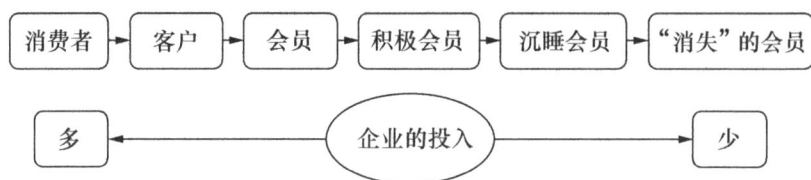

图 3-5 "消失"的会员

从图 3-5 中我们很容易发现如今多数珠宝企业存在的一个问题，**即希望通过加强广告营销提高进店率及新会员数量，可是在提高老会员的忠诚度和黏性上投入非常少，这就造成很多珠宝企业的老会员在不知不觉中消失了，并且很少有人注意到。**

是什么原因造成老会员的"消失"？造成这种情况的原因有两个。

原因 1： 珠宝企业只懂得广告宣传，不知道如何通过大数据激活"沉睡会员"，刺激"积极会员"。

原因 2： 每家珠宝企业都有自己的 CRM 系统，但是没有充分发挥 CRM 软件的大数据功能，也不懂得如何分析 CRM 软件中的会员数据。在这些企业中，使用者只是简单地将客户的基本信息输入软件，并没有进行科学的分析，将结果交给市场部门或策划部门。

提高企业老会员忠诚度和黏性的方法很多，企业只要对会员信息数据进行分析之后，就可以对会员进行分类，有针对性地策划各种不同的活动，而大数据计算在这个过程中起到了非常重要的作用，没有大数据计算，这项工作就难以完成。如果珠宝企业不懂得利用大数据计算结果，那大数据就是一堆数据而已，没有任何意义。

南非甄钻珠宝：大数据应用与个性化定制

在珠宝行业中，很多东西是传统的，没有变化的。在时代的变化中和互联网的浪潮里，来自南非国际钻石交易中心的 IDECD 南非甄钻，是怎么找到一个国际品牌的新零售思路的呢？是如何在利用大数据的基础上，实现个性化定制服务的呢？

极致的产品

南非甄钻的极致产品主要是非洲南部的钻石和极致火彩的十二心十二箭钻石。在传统时代，好的东西不一定是好的商品，有可能因为利润少或太难供应而赚不到钱，因为很多利润源于信息不对称。但是在互联网时代，在一个长尾效应的推动下，极致便宜或极致品质的产品，一定可以通过口碑或其他传播方式深入人心。

南非甄钻的品牌理念是钻石可追溯，它将在区块链技术更成熟的时候，推出更有意义的钻石区块链，提倡可溯源和一钻三证的核心理念，保证钻石品质更好，如图 3-6 所示。

南非甄钻具有 133 面车工的十二心十二箭钻石是由北美钻石切割大师倾力

研发，受中美专利保护。来自南非的钻石和严格的八心八箭的碰撞，加上十二心十二箭的加持，使钻石的美更具极致的光彩。更透、更真和更闪，是南非甄钻的品质基石，也是新零售的商品特点。

图 3-6　一钻三证

若没有品质或其他特点，新零售将是无本之源。

轻资产的定制

在款式商品的数字化、供应链的改革以及品质和速度的矛盾里，南非甄钻打造出了不一样的订单中心系统和款式中心系统，对效率和准确度的坚定追求确保了其品牌的价值。

极致的用户体验：南非甄钻金钻客之路——粉丝的大数据中心

移动互联网时代是个人的时代，我们开发了一个"多对一"沟通的 App"金钻客"。通过金钻客，南非甄钻的销售与客服人员可以随时随地与客户沟通，顺利实现在线选购、设计师定制和订单追踪，如图 3-7 所示。

南非甄钻"金钻客"拥有更完备的会员体系，但南非甄钻在售前的拓客方面下足了功夫，如图 3-8 所示。

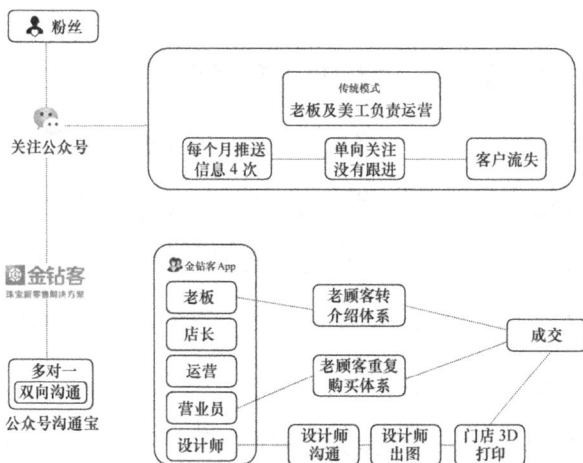

图 3-7　金钻客沟通体系

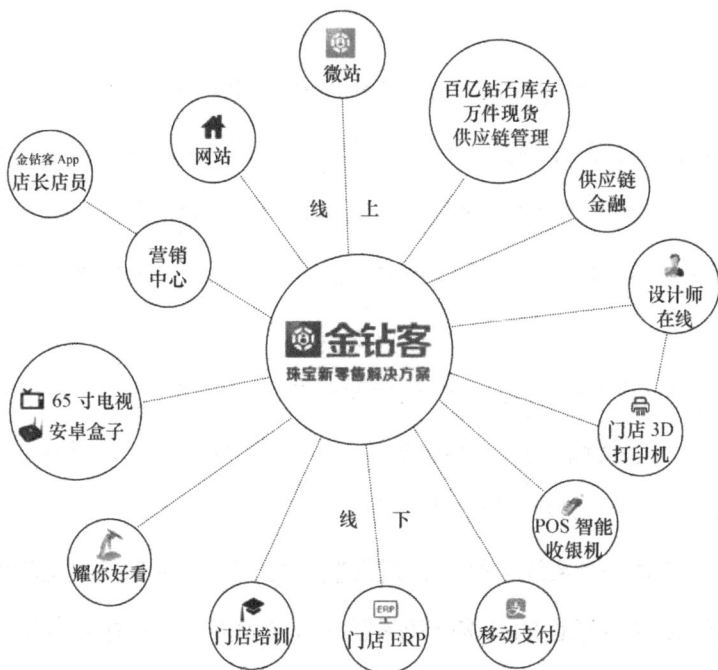

线上 & 线下　软件 & 软件
供应 & 零售　设计 & 定制
营销 & 管理　粉丝 & 订单

图 3-8　金钻客珠宝新零售解决方案

🔍 极致的个性化定制：设计师角色的参与

在传统的珠宝行业，设计师不会做生意，不知道价格，不知道工艺，只知道画图。在南非甄钻"金钻客"服务方案中：营业员负责接生意，店老板决定价格，工厂的客户决定工艺，设计师出效果图。一切都在店老板的控制中。南非甄钻"金钻客"在单向指纹、声波、名字等刻字的基础上，增加了设计师元素，让真正的高端定制不只是拷贝国际大牌的款式。

第一，南非甄钻拥有高价值、高情感意义的钻石一定会支持客户到店体验和欣赏。门店的生存之道一定是以线下为主体，将线上作为开拓、引流、连接会员的工具。

第二，南非甄钻赞同在门店完美地显示钻石的美及珠宝的内涵，而不是类似 3D 展示等各种虚拟试戴。客户到店要拉进他和货品的距离，促进购买。

第三，南非甄钻也不太欣赏在门店给客户做各种 DIY 软件，珠宝设计是个很专业的活，客户 DIY 设计的产品制作完成后，可能并不符合客户内心对产品的期许。

第四，南非甄钻很赞同在珠宝门店设立 3D 打印机器，因为客人需要看到经过设计师设计的产品，而不是各种虚拟的图片和影像。3D 打印机器可以在门店给客户展示经过设计师精心设计的产品。

珠宝新零售是个系统工程，需要围绕客户、产品、库存、供应链和业务模式进行重构，走在前面的品牌公司需要进行各种探索，只有努力才有成功的可能。

ONE JEWELRY——全球个性珠宝同价平台

不同的珠宝企业对珠宝新零售的理解不一样，ONE JEWELRY 强调从场景重构和全渠道的角度实践珠宝新零售。

睿珂珠宝：从失败案例中得到的启示

"新零售"这个词，这两年在整个零售业及互联网行业的提及频率颇高，焦点在线上与线下的融合、数据和新技术应用、场景重构方面，重点是谈如何实现"新"，最后的结论似乎总是如果不走新零售，企业就会危险；相反，传统零售所注重的要素，如门店的位置、品牌、产品和服务，几乎不怎么提了，仿佛无论什么产品、什么品牌，只要与新零售概念相关就万事大吉了，这其实是一种误导。

先看一组某珠宝公司的运营数据——营业收入 8000 万元，库存周转率 2.5%，毛利率 33%，平均客单价 2.5 万元，50% 以上的复购率，总营运成本在 15%，只有 1 家线下门店。这家公司的收入来源不是批发业务，不是电商，而是全部源于镶嵌类珠宝的零售业务。品牌定位是只做一克拉以上的钻石与彩色宝石。从数据上看，除去规模因素，这家公司确实做得非常成功了，只有一家门店，说明模式很轻而且从镶嵌饰品这个品类的行业平均库存周转率来说，运行效率也很高。这家公司就是睿珂珠宝。

这家企业的创立恰逢传统零售业开始受到互联网冲击的时候，互联网巨头不断涌现，网购蓬勃发展，所有企业开始努力学习"互联网＋"，睿珂珠宝也不例外。那时，睿珂珠宝的业务增长非常快，年销售规模从百万级到千万级再到近亿级，只用了短短 3 年。为了保持和优化这种快速增长的业务发展趋势，睿珂珠宝不断地开发和引入新的 SKU，不断优化用户体验，与各种有精准客户资源的企业开展异业合作，开设高端珠宝设计体验课程，与各类媒体合作全线传播，优化供应链……后来逐渐引入一些国外的设计师品牌，如 Alex Sepkus、Jorg Heinz、陀飞轮等，这些产品确实更大地激发了客户的购买欲望，促成了不错的销售业绩。同时，睿珂珠宝还在体验店开展各式各样的到店营销体验活动，也起到了不错的效果。

但是，新的问题也不断涌现。例如，无法保证买来的每件货品都能卖出去，随着这些海外产品的引入，睿珂珠宝产品线越来越长，库存也越来越多，存货风险也越来越高；营销活动大大增加了运营成本，但用户获取及购买转化率增长并不明显；在信息碎片化时代，市场推广的投资回报率也越来越低。于是，睿珂珠宝希望通过开新店解决这些问题。睿珂珠宝将第二家店开在北京的南新仓，那里是明永乐年间皇家的粮仓。

以这个模式开店和传统零售的开店逻辑完全不一样，在传统零售渠道开店的品牌只需要知道商圈的客群属性、评估人流、竞争品牌，并拿到合适的位置，店就开起来了，而且好的品牌完全可以预估新店的坪效等营运指标。而睿珂珠宝的模式不行，需要有精准客户，要有圈层，并且还需要这些人对品牌有一定的信任度。但睿珂珠宝并没有足够的品牌知名度，也没有合适的渠道快速获取流量，在北京开店，几乎相当于在北京建立一家全新的企业，不仅不能快速复制在上海的商业模式，而且会面临很大的风险。这些都让睿珂珠宝觉得越来越接近这种模式的"天花板"。

个性化：珠宝消费的大趋势

专家指出，**当前我国珠宝产业的现状是有品类竞争无品牌竞争，有价格竞争无价值竞争**。进一步说，就是我国的珠宝品牌化程度较低。数据表明，目前我国珠宝品类的整体品牌渗透率仅有 20%，而其他品类：香水 80%、手表 60%、皮革 50%、眼镜 40%，这个差距是非常巨大的。我国未来整个珠宝品类的品牌渗透率到 2020 年可以达到 30% ~ 40%。如果按照 6500 亿元的市场规模计算，**这个数据意味着今后 3 年实现品牌化后的市场增量至少每年有千亿级的规模，这将是一个非常大的市场机会**。

这个增量市场，**关键就是消费者的个性化品牌需求，细分品类的珠宝饰品将会有更多机会迎来爆发式的增长**。在社交网络高度发达的时代，自我表达将成为时尚行业重要的动力，颜值成为关键词，颜值管理催生无数"新物种"：自拍、PS、短视频、网红、健身、跑步、整容和珠宝。而珠宝，从诞生的第一天开始，就是为了传承情感、表达自我内涵而生的。秀内涵与代表个性气质的珠宝，碰到了如今早已常态化的个性生活表达诉求，应该是到了能随性"秀出真我"、走上个性舞台的时候了。**消费者个性的全然表达，需要市场将"精细化、品牌化、内涵化"的产品准备好**。

ONE JEWELRY——全球个性珠宝同价平台：赋能珠宝全渠道

ONE JEWELRY 品牌在创建时，决定先从"货"这个角度进行整合。不管零售变成什么样，"有好货"就是硬道理！珠宝行业的现状是品牌渗透率极低，国内的品牌化进程缓慢，市场细分品类的空白点还很多，所以 ONE JEWELRY 把已经具备了所有品牌化元素的"好货"整合在一起，诞生了全球个性珠宝同价平台，希望解决前面提到的珠宝行业共同面临的一些痛点。ONE JEWELRY

花了大约 3 年的时间和国外的品牌进行沟通，进行销售测试、平台的产品逻辑、技术实现等工作，现在平台上大约有 30 多家来自全球的珠宝品牌，事实上与平台达成合作关系的品牌数量远远多于这个数量，但是工作量太大，短时间内无法全部完成上线。然而经过团队的努力，目前平台的运营理念已经受到越来越多的国外珠宝品牌与国外珠宝生意人的认可，除了已加入 ONE JEWELRY 的众多珠宝品牌和珠宝人，很多以前未曾接触的国际品牌也通过各自的渠道了解了中国市场有这样一个项目，并表示出极大的合作热情。

这个平台的商业模式就是 S2B2C，它希望将平台建成一个"赋能型全渠道共享经济体"，这里面有几个关键词，如图 3-9 所示。

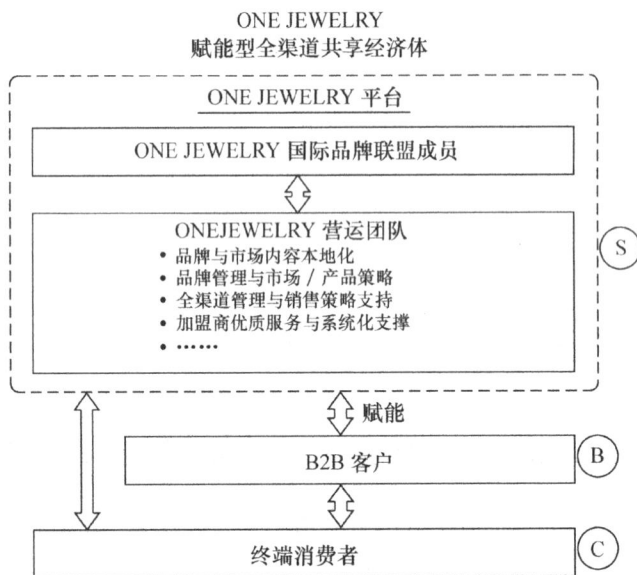

图 3-9　赋能型全渠道共享经济体

第一个词："赋能"

ONE JEWELRY 亲切地把加入平台的 B2B 客户称为"小 B"，而在平台型商业模式的概念里，"赋能"这个词是针对"小 B"的，因为"小 B"太需要赋能了。在设想中，这个"赋能"的能量级要让"小 B"连接 C 端、维护好"C 端"，其他一切问题，甚至资金问题都用"赋能"解决。除了"小 B"，ONE JEWELRY还发现一些国际品牌也非常需要"赋能"，这些品牌通过平台引入中国，但仍有非常多的问题需要通过"赋能"解决，如品牌在中国市场的再定位、品牌各元素的本地化标准输出、品牌的渠道建设和传播等。

第二个词："全渠道"

全渠道的概念非常重要，全渠道的趋势我们都非常清楚：线上与线下必将融合，价格将趋同，但发挥的功能侧重点不同，线上主要解决流量和便捷购买的问题，线下主要解决品牌建立与实际体验的问题。目前线上的主要阵地既包括传统电商，如阿里巴巴和京东，又包括内容电商。而对线下来说，实体店的发展则是目前我们最重视的。从 2017 年开始，ONE JEWELR 大范围地在全国中高端商业场所布局，而且特别关注那些体量在 10 万平方米以上的中高端场地。ONE JEWELRY 不能再把实体店当成一个纯粹的销售场所，因为实体店将成为品牌的精神图腾，传达品牌所要表达的生活方式、价值理念，是消费者情感宣泄、情感连接的一个重要消费场景，可以说"无实体店，无品牌"。

第三个词："共享"

消费者的主权时代已经来临，如何更好地连接消费者、服务消费者尤为重要，其中的关键节点在于"小 B"，所以必须给予"小 B"足够的激励，不仅让"小 B"享受"赋能"，还要让"小 B"能够跟随品牌的成长，在服务消费者的过程中享受足够丰富的利润。搭建通过 ONE JEWELRY "赋能型全渠道共享经济体"，让品牌方、运营方、"小 B"以及消费者共享资源、利润和好货是平台的目标和使命。

目前，ONE JEWELRY 主要的服务对象是两类"小 B"。一是像之前的业务模式一样，做精准客户营销的。这类 B 端和商家通过平台对接海外品牌时，一是不需要像以前那样支付高昂的商务成本。二是平台提供的价格仍然是这些买家在展会和品牌方洽谈时的价格政策，甚至一些体量较小的商家能够得到比之前更好的价格政策。这种模式与以往的模式最大的差异在于，这些商家在决定引进某个品牌或某些产品时，在平台上先用借货的模式试卖产品，通过测试后再决定是否进货，这样就可以有效地降低产品滞销的风险。此外，每个加入平台的商家会有一个属于自己的线上展示系统，商家不仅可以通过这个系统在平台下单采购，还可以将线上的产品信息推送给商家的用户。用户可以通过线上系统研究这些产品，提出购买或看货需求。商家有这个需求的数据，不但可以试卖，而且可以向平台提出申请，由平台的线下支持队伍带着货品通过线下活动等方式帮助商家销售。这些商家在降低风险的同时，对毛利的要求也可以降低一些，不再需要按照以前的加价逻辑计算，C 端的零售价格就可以趋近国外零售价格，从而更有利于促进 C 端销售。这个就是平台的全球同价逻辑。未来平台也将考虑引进第三方的金融服务，为 B 端做一些金融支持。

另一类平台服务的"小 B"是想在传统零售渠道开店的。我们将平台的品牌进行了细分，为那些在传统零售渠道可产生高坪效的品牌开设品牌专卖店，类似于丹麦的个性珠宝饰品品牌 X-JEWELLERY、意大利的母婴情感珠宝品牌 LEBEBE。这些独立店的面积在 20 ~ 40 平方米，由 ONE JEWELRY 统一输出品牌标准与 SI 门店标准。同时，还有一个 ONE JEWELRY 品牌集合店业态，集合店面积比较大，基本都在 100 平方米以上。集合店的特点是有统一形象，并在运营中通过平台的数据支撑功能根据不同商圈、不同客群规划相匹配的产品线，精准服务每个客户，力求满足每个客户多层次的珠宝消费需求。根据不同零售渠道的实际情况，这类小 B 分成 ONE JEWELRY 高端珠宝品牌集合店（大

OJ）与 one jewelry 个性潮牌饰品集合店（小 oj）。

熟悉中国市场的人可以从已开的集合店与品牌独立店中看到，其门店都是在上海最具影响力的商业体中的核心位置，像嘉里中心的 X-JEWELLERY 独立店、万象城的 ONE JEWELRY 品牌集合店、南丰城的 LEBEBE 独立店等；在外阜，譬如青岛，店铺的选址也是在海信广场、凯德广场等。能够拥有这些店铺资源，完全是因为这种模式以及品牌的产品能够满足商场客群消费升级的个性需求，符合新零售业态下的商业场景。

最后，项目希望通过 ONE JEWELRY 这个"赋能型全渠道共享经济体"平台，促进国内珠宝产业的产业升级。毕竟从整个珠宝行业来看，原来商家利用信息不对称形成的利益壁垒已经被打破，这个现象会持续蔓延而且是个不可逆的过程。目前，消费者对海外的"小而美"或"买不到为贵"的品牌产品，从无信息差的全渠道内容追逐，到已经可以很个性且知根知底地参与整个交易过程。我们这几年都在谈消费升级，其实消费升级的本质是认知升级，认知升级更强调用户本身的进化。随着用户的进化，共同分享的开放架构正在形成，消费者的主权时代即将来临。

第4章

珠宝 + 微商 + 新媒体：一直在进化

　　出现于 2012 年的微商距今不过短短 6 年，但以极强的态势"入侵"了各个行业，成为继电商之后的又一改变行业的商业模式。我们相信在未来的新零售中，珠宝企业＋微商的模式将会在珠宝行业流行。一方面，因为珠宝企业拥有实体企业的基础；另一方面，因为微商正在与新零售结合，成为新零售中的重要组成部分。能看得懂的、快速转型的珠宝企业，必将在未来的新零售模式中迎来新的契机！

珠宝微商的进化之路

珠宝微商的现状

谈起"微商"这个话题，相信每个人都不陌生，因为在大多人的朋友圈里都有几个微商。对珠宝行业来说，微商似乎显得有些陌生。受到种种因素的制约，珠宝行业与微商的交集非常少，不过这只是暂时的现象。2018年，对珠宝行业来说是非常重要的一个节点，其中的关键除了新零售外，还有微商！

◆ 珠宝微商的优势

当珠宝企业将珠宝微商和传统的分销模式结合在一起时，就具备了几个其他模式无法匹敌的优势，如表4-1所示。

表4-1　珠宝微商模式的优势

优势	表现
方便快捷	中国的移动支付让世界感到震惊，而微信支付来自行业的两大巨头之一。原因无二，只因为支付方便快捷
管理扁平化	让企业的管理变得扁平化，每个客户甚至可以直接和品牌总部的最高领导沟通、表达诉求，也让总部对终端产品库存的把控变得简单
代理关系级别简单、稳定	用手机微信、App的网络智能方式进行分销，所有代理级别关系变得简单、稳定。一个简单的朋友圈分享，就可以永久绑定一个推荐关系（分销代理），这对分销代理的发展是非常有利的

续表

优势	表现
符合大量微商的需求	三四千万个微商已经被培训得非常专业，急需好的品牌、好的产品来让他们代理经营

正因为珠宝微商模式具备这些优点，所以一个连锁品牌或一个店面可以快速召集成千上万个业务员，以共同创业的方式经营，这是所有企业都乐意见到的事情。

◆ **微商不是朋友圈卖货**

曾有人做过关于什么是"微商"的调查，结果大家的认知有以下几种：每天刷朋友圈卖货；在微信商城开店；口袋购物。在上面的所有答案中，认为微商就是刷朋友圈卖货的人最多，这个答案似乎也是大多数人的共识。每天刷朋友圈卖货确实是微商的一种，但并不能说微商就是在朋友圈卖货。微商是以社会化媒体为基础而建立的新型电商，上面几种答案都是微商不同的表现形式。

◆ **"妖化"的微商在洗白**

微商在种种因素的作用下，如今已经被"妖魔化"，大多数客户现在一听到微商，就马上想到暴力刷屏、假货漫天、疯狂加粉和疑似传销。不健康的商业模式当然是不长久的，美妆微商现在已经大量洗牌、关闭，但珠宝微商才刚刚开始！

微商的未来将逐步走向规范。自从 2015 年上半年央视曝光了在微商中非常火爆的面膜行业涉及造假和非法传销问题后，面膜行业的销量出现大幅下滑。调查显示，还在通过微商做面膜的商家，销量普遍下滑 40% 以上，同时针对微商的负面舆论也越来越多。这些现象表明目前微商已处在其历史发展的十字路口，外界的质疑声和内部的经营危机正迫使行业做出改变。

越来越多的商家意识到目前的微商生态圈是不健康的，商业模式很难持续下去，因此未来微商将出现两个重大变化：**一是微商行业标准规范将出台；二是模式不断进化，微商被市场洗白。**

随着微商模式的进化，微商的负面影响正被大面积清洗。**现在微商模式由原来的"个人微商"向"社群微商""品牌微商"发展，并且涌现出各行各业的"平台微商"**，如图 4-1 所示。这样的模式进化，标志着微商将越来越成熟、服务将越来越专业，商品的品质也将得到更大的保障。

图 4-1　微商模式的进化

对珠宝企业来说，和其他产品相比，珠宝产品有一定的特殊性，如高价、低频，并且客户非常注重体验感。因此，一部分珠宝企业认为珠宝微商运营将困难重重。

◆ **珠宝企业微商的现状：大企业方向、小个体进账**

珠宝微商的现状是大珠宝企业、小珠宝企业都在做，但总体现象是大珠宝企业将微商当作战略方向在投资，微商基本成为企业摆设；小珠宝企业从低端切入，暴力推进，容易见效，但无法持续，如图 4-2 所示。

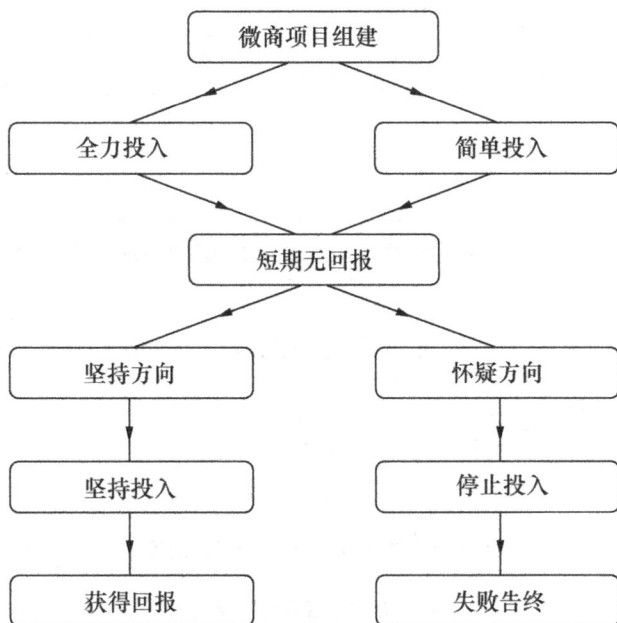

图 4-2　微商平台成为企业的摆设

出现这种情况的主要原因是大企业由于传统模式已存在多年，线下的价格、产品体系不容侵犯，三四倍的销售加价、老旧落后的产品款式、低效臃肿的企业架构，每条都不适合微商！所以，大企业要做微商，没有一种自上而下的颠覆决心，基本是不可能成功的。

小企业已被逼到绝路，只有改变求生一个选择。所以，小企业大多不计成本、放手一搏。它们学着面膜微商的玩法，暴力刷屏、借图卖货，这种"打鸡血"似的营销方法很快就有了效果。但大多由于没有持续的运营内容、产品策划和推广方案，客户很快失去了兴趣，因此也就出现了后劲不足的问题。

微商模式对市场的改变

虽然微商目前还面临许多困境（如交易系统还不够成熟、维权保障体系不够完善等），用步履维艰来形容目前的微商并不过分，但其仍然受到众多商家的青睐。为什么微商存在不足却依然能够受到这么多人的热捧呢？因为微商做到了以下 4 点，如图 4-3 所示。

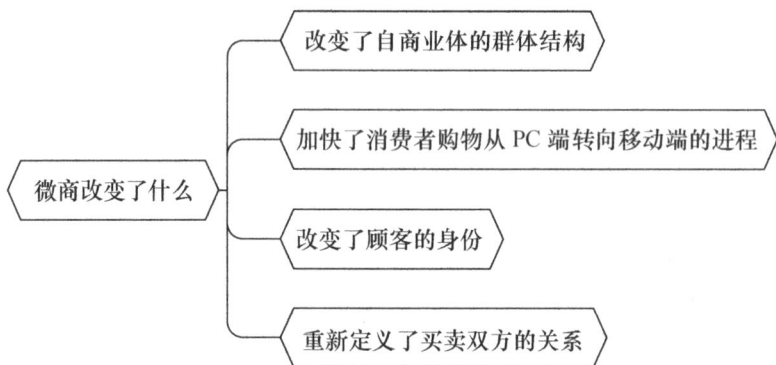

图 4-3 微商做到了 4 点

◆ **改变了自商业体的群体结构**

微商的成长经历了这样一个过程：从微信电商发展到微电商最后到微商。我们可以将刷朋友圈卖货的行为看作微商的最初形态，而微店的出现就是微商的发展和成熟。微商的这个发展历程可以被理解成一种自商业体的自我完善过程，同时还对自商业体进行了扩充和延伸。

◆ **加快了消费者购物从 PC 端转向移动端的进程**

虽然微商无法完全取代 PC 端，但是可以加快消费者转向移动端购物的速度。

在 2017 年天猫"双 11"活动中，移动端交易额占比高达 90%。尽管对"在 PC 端下单然后去移动端支付"的质疑声一直都有，但是从历年的天猫数据来分析，移动端占比呈逐年递增的趋势。从这一点我们已经可以明确做出判断：现在已经进入移动互联网时代。

大众对移动互联网依赖程度的增加促进了微商的诞生，而随着微商规模的日益扩大，越来越多的商家和消费者纷纷加入了微商大军中。因此，微商反过来也对消费者购物从 PC 端转向移动端起到了促进作用。例如，现在很多人购买商品时已经很少使用淘宝，而是在朋友圈、公众号里刷刷，看到喜欢的商品就会购买。

◆ 改变了顾客的身份

如果一个人平时比较关注时尚，在朋友圈里看到有人分享一款新产品，而恰好这个人对该产品非常感兴趣，购买使用之后觉得效果不错，并且从中看到了商机，于是就可能会成为这款产品的分销商或代理商。此时，这个人的身份就会从顾客转向销售者。

◆ 重新定义了买卖双方的关系

在以淘宝为主的电商时代，买家和卖家的关系主要是围绕产品而建立的买卖关系，但微商改变了这种情况。在微商当中，买卖双方首先得建立社交关系，然后再进行电商，最后回归社交关系。前者是一种简单的商业关系，而后者是先建立了社交关系，然后才产生商业，并且这种建立在社交关系上的商业还会被不断地传播。

很多人说：微商对现今的珠宝产业是一种威胁。实际上珠宝微商不但不是威胁，反而是一个新机遇。

最近几年，随着移动端流量资费下调以及 Wi-Fi 的广泛铺设，移动互联网的用户激增，微商就是在这种情况下诞生的。未来移动互联网是必然趋势，而微商移动互联网与传统电商相比，具有很大的优势。

对很多珠宝微商来说，客户在微信上看货、然后去淘宝交易已经是很常见的事情。阿里巴巴用 8 年才能做到的交易额，微商只用一年就做到了，这充分说明时代在不停地变化，珠宝企业也应该与时俱进。商业模式有很多种，互联网只是起到辅助作用的工具。淘宝是工具，微商也是，具体要看你如何使用这些工具。

趋势就像是一头高速奔跑的公牛，如果你跑在了公牛的前面，可能会被公牛追上踩死，除非你能不犯任何错误，永远保持领先。大多数人在犹豫，也就是跟着公牛跑，这部分人能够抢到的利益非常少。微商和新零售现在就是紧跟着趋势前行，不会有被踩死的风险。也许在几年之后微商的位置会被替代，但是至少目前它是紧跟趋势的，所以，抓住当下的机会才是最重要的。

现阶段珠宝微商的 4 种发展模式

目前，从事珠宝销售的微商还略少，珠宝微商的发展时间也不长，但是现在已经有不少珠宝企业在微商圈中崭露头角。

我们可以根据发展模式的不同，将微商分为 4 类，如图 4-4 所示。

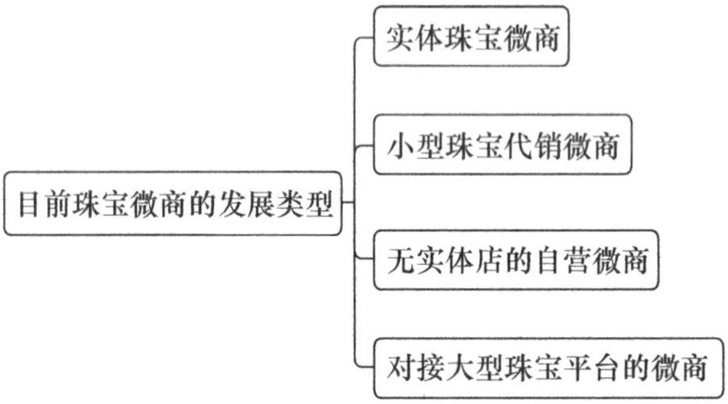

图 4-4　目前珠宝微商的发展类型

◆ **实体珠宝微商**

实体珠宝微商拥有实体门店，以微商作为辅助手段进行运营。这种模式的优点是可以将线上与线下有效地结合起来，目前店铺运营良好。缺点是投入成本较高，资金制约着珠宝商的发展，没有足够的资金，难以扩大规模。

实体珠宝微商在未来有一定的发展空间。这种类型的珠宝微商多以传统的小珠宝商为主。在他们眼中，微商是一种新型的渠道，可以尝试，但是依然以实体门店为主。

实体门店的存在能够提高消费者对其的信任度，所以目前这种模式的珠宝商经营情况还比较好。但是实体门店的存在同时也是珠宝商的一大负担，人员费用、房租费用较多，还有较多的铺货费用。珠宝商要想扩大自己的规模，就需要增加实体店的数量以及铺货量，这需要投入的资金是以百万元甚至千万元计算的，所以这种模式需要足够的资金支持，没有资金的人不适合使用这种模式，不然很难有所发展。

◆ 小型珠宝代销微商

小型珠宝代销微商是指自己没有实体店、没有囤货，单纯的代销型微商。这种微商模式的优点是投入成本低，风险也较低；其缺点也很明显，主要是缺乏价格优势，利润较低，同时产品售后较难处理。

小型珠宝代销微商未来的发展空间不大。因为其只是纯代销型的微商，既没有实体门店支持，又没有足够的资金支持自己发展，同时这样的代销微商大部分规模较小，很难找到一手货源；这些因素导致其市场竞争力不强，能够获得的利润也就较少，并且对产品质量也无法控制，因此消费者很难对其产生信任。

◆ 无实体店的自营微商

无实体店的自营微商与实体珠宝微商的区别是，后者有自己的珠宝店，有自己的线下销售渠道，而前者没有，所有的销售活动都靠线上。

这种模式的优点是自己可以灵活调整囤货数量以及产品款式；缺点是受资金影响，产品种类少，同时价格较高。

无实体店的自营微商未来发展空间也不大。这种模式与小型珠宝代销微商类似，都没有足够的资金支持，也没有实体门店；但是和小型珠宝代销微商相比，其优势在于有稳定的货源，获得利润的途径就是低买高卖。

这种模式在珠宝微商刚刚兴起时还有一定的生存空间，但随着珠宝微商的进一步发展及大型微商平台的出现，其生存空间逐渐缩小，所以，这一类型中有实力的商家都已经开始转型了。

◆ **对接大型珠宝平台的微商**

这种微商模式的优点是没有资金方面的要求，产品质量有保障，种类多，并且价格有优势，没有明显的缺点。

大型珠宝平台对想要进行珠宝创业的个人或寻求转型的珠宝企业来说，无疑具有非常大的吸引力。从目前微商的发展情况来看，珠宝微商选择与大型珠宝平台进行合作是非常好的。

上述 4 种珠宝微商的优缺点，如表 4-2 所示。

表 4-2　4 种珠宝微商的优缺点

类型	优点	缺点
实体珠宝微商（以小型批发商、实体店主为基础的珠宝商，微商只是兼营）	可以将线上与线下有效地结合起来，店铺在目前阶段运营良好	投入成本较高，资金制约着珠宝商的发展，没有足够的资金，难以扩大规模
小型珠宝代购微商（无实体店，无囤货，纯分享图片卖货）	投入成本低，风险也较低	缺乏价格优势，利润较低，同时产品售后较难处理
无实体店的自营微商	可以灵活调整囤货数量以及产品款式	受资金影响，产品种类少，同时价格较高
对接大型珠宝平台的微商	没有资金方面的要求，产品质量有保障，种类多，并且价格有优势	暂时还没有明显的缺点

珠宝微商的平台模式是将来主要的发展方向。这些珠宝平台大多采用 B2C

模式，平台所做的就是将珠宝生产加工企业的资源整合起来，直接面对消费者，压缩了传统模式中的中间环节。这种模式避免了因为层级众多、逐级加价而造成的价格偏高的情况发生，又提高了消费者对互联网珠宝企业的信任度。这种模式适合目前想要转型的珠宝企业或想要进行珠宝创业的个人。

CMB（Customer Mobile Business），不仅是个人移动创业（全民开店）模式，还可以成为传统企业和珠宝店主的新零售解决方案之一。

CMB 模式结合了传统珠宝企业线下门店、品牌、粉丝、产品等资源，为每个传统珠宝企业提供了一种移动电商的全民开店新思路。珠宝企业通过 CMB 模式，可以实现线上与线下互通、无压货全民代理和扁平化全民营销，由珠宝企业或珠宝平台把控所有渠道、销售和库存，沉淀客户粉丝价值，如表 4-3 所示。

CMB 模式解决了什么问题？如表 4-4 所示。

表 4-3　CMB 模式的核心理念

全民开店	每个终端店主可以建立一个V店主代理平台，实现全民开店、全民营销的创业方式
全民创业	V店主无须压货，一部手机即可创业，只需负责销售，发货、售后问题由平台搞定
扁平运营	搭建了由企业和客户直接沟通的渠道，客户的需求、建议可以简单、快速地得到解决
信任营销	通过V店店主朋友圈进行口碑传播，代理者也是消费者，了解产品更利于裂变式传播

表 4-4　CMB 模式解决的问题

利益制度问题	每家V店店主拥有唯一的微店和二维码，价格体系自动对应，销量提成实时统计
推广难度问题	通过手机微信、朋友圈传播，简单快速推广，使用手机支付打造O2O模式闭环
代理规范问题	平台全局把控渠道、定价、财务和制度，统一安排发货、分成，规范代理的发展
库存积压问题	扁平化运营，企业直接接触客户，实时了解市场需求，按需生产，无积压库存

珠宝微商的未来趋势：平台化发展、社群微商和C2B模式

未来微商的发展趋势是针对微商的整体发展而言的，珠宝微商作为微商大军的一员，自然也不例外。对珠宝微商来说，这些趋势将带来什么样的变化呢？如图4-5所示。

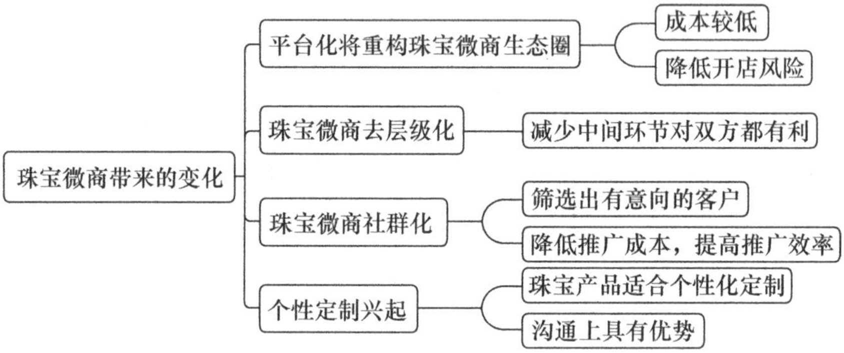

图4-5　珠宝微商带来的变化

趋势1：平台化将重构珠宝微商生态圈

与传统的移动电商相比，平台化的珠宝微商更具有优势，主要体现在以下几个方面。

降低成本。从成本来看，目前在平台上开店都是免费的，推广和营销费用与传统移动电商相比也要低很多，所以更适合珠宝微商加入。

开店风险降低。对珠宝产业来说，压货的风险较高。因为珠宝不同于面膜等产品，其单品价格较高。选择在平台上做珠宝微商不需要压货，大大降低了开店的风险。

只需要发展一级分销商。多层级一直是微商的弊端。珠宝微商在平台化之后，必然会采取一级分销商制度，也就是每个平台商家最多只能发展一级分销商。

平台化能够有效解决交易体系和信任的问题。例如，淘宝作为第三方平台，通过一系列服务解决了普通网民的信任危机。微商面临产品造假、服务不到位等一系列问题，平台化的第三方交易系统能够很好地解决这些问题。

基于以上优势，珠宝微商开始转向第三方平台的趋势明显，越来越多的珠宝微商选择进入分销平台以开拓市场。随着平台化的进一步发展，将会有更多珠宝微商商家把第三方平台作为自己销售产品和塑造品牌的重要渠道。

趋势 2：珠宝微商去层级化

随着珠宝微商逐渐向平台化发展，在其发展的过程中，必然会涉及去层级化。去层级化能够解决传统微商面临的产品压货以及价格混乱的问题。

传统珠宝微商无论是采用 C2C 还是 B2C 都离不开代理模式，代理模式意味着多层级，多层级导致代理压货多、利润集中在高层级代理商、产品定价混乱等问题。面对因为多层级造成的这些问题，去代理化是一个比较合适的解决方法，压缩产品从出厂到消费者手中的中间环节，这种压缩不但有利于微商商家，也有利于消费者。

在新零售出现之前，给珠宝产业带来变革的是"互联网＋"。"互联网＋"的定义是以互联网平台为基础，企业自上而下地从产品设计、研发、财务、物流、营销、市场等方面进行"互联网＋"转型升级。企业的各个模块通过互联网工具进行全面提升，并不断创造出新产品、新业务、新模式。

"互联网＋"的核心是通过互联网工具，去除一切中间环节的成本。

"互联网＋"的行业升级将淘汰大多数中间批发商、渠道商，而掌握源头产品、原创设计的厂商将组建互联网团队，搭建好微商分销渠道，从而转变为成功的"品牌微商"。

对珠宝产业来说，"互联网＋"使珠宝市场一改之前的信息不对称问题，所有价格、品质、口碑一网直达。**由此，成功的"品牌微商"需要真正优质的品质、高性价比的价格，同时再结合原创的产品设计，才能让产品真正产生优势。**

品牌微商接下来需要通过网络平台"全网开店"，通过微商把自己的网络加盟店开到全国各地。借助全国的个人微商和相应的电商平台，将产品从工厂源头直接销售给消费者。

趋势 3：珠宝微商社群化

社群经济的出现造就了社群珠宝微商。在这个全民微商的时代，并不是所有的人都能够做好珠宝微商，你的影响力决定你的吸引力。

具体而言，以社群为主要营销方式的珠宝微商的优势，如图 4-6 所示。

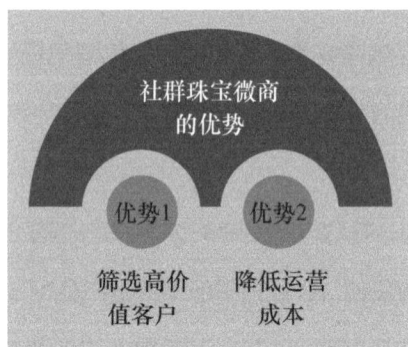

图 4-6　社群珠宝微商的优势

组织方式：将一群对自己的产品感兴趣的人聚在一起，让社群中的意见领袖进行产品营销。如果社群成员对营销的产品不感兴趣，可以退出社群。通过这种方式可以对社群中的意向客户进行筛选，经过一段时间的沉淀，留下来的客户通常是有较高购买意向的客户。

营销成本：营销成本低是社群珠宝微商的一大优势，与在朋友圈刷屏的方式相比，珠宝微商在社群中营销的产品与社群成员的匹配度高，用户的忠诚度也远高于朋友圈刷屏的受众。

利用微信、QQ 等即时聊天工具，建立社群，从朋友圈等渠道找到潜在客户并拉入社群，然后对社群中的客户进行过滤和沉淀，留下优质且有意向的客户，而后通过对优质客户的不断维护，珠宝社群微商可获得持续发展。

趋势 4：个性定制兴起

微商是社交经济，在这个基本属性的作用下，消费者和珠宝企业的距离已经非常近，沟通也变得更加及时，所以将产生很多反向需求。如客户提出自己的需求，由微商与厂商沟通，完成珠宝产品的设计，这也就是为珠宝微商带来变革的 C2B 模式。珠宝微商采用 C2B 模式可满足消费者多元化和个性化的需求。

C2B 模式即消费者先提出个性化的需求，然后生产企业再根据消费者的要求进行定制化生产。珠宝微商本身带有较强的社交属性，这个特点让其反应速度较快，与消费者沟通更方便；同时，珠宝产品的特性也让珠宝微商在个性化需求定制的领域更容易取得突破、引领变革潮流。

C2B 模式的特点是产品个性化、异质化且无法量产，这些特点也是珠宝产品所具有的。与传统厂家和传统电商相比，珠宝微商在产品的定制化生产和销售领域具有下面两点优势。

一是珠宝产品具有的属性适合接受个性化定制。二是微商的社交性较强，在定制化过程中需要经常与消费者沟通，在这方面微商具有先天优势，并且能在沟通的过程中与消费者建立信任关系。

趋势 5：系统化

珠宝微商依靠独立的一个门店，根本无法打通所有环节并提供流畅的服务，如款式设计、产品采购、库存保障、品质保证、售后服务等。未来的微商发展必将完全系统化，每个模块将有相应的专业团队来提供服务。如拆分为厂商模块（提供专业的产品及有效的电商数据）、平台模块（提供配套的系统及产品调配、微商运营服务）和终端模块（招募微商、推广粉丝、进行产品销售），减少传统行业多余的中间环节，实现真正的珠宝互联网化。

趋势 6：全民化

所有的员工、老板都是微商，人人都拥有一家掌上珠宝微店，上游是提供优质一手货源的厂商，下游是精准客户。

决战珠宝微商：从线上到线下

更完善的准备：知己知彼方能百战百胜

微商其实是社交经济的一种类型，它建立在现有社交关系的基础上，通过口碑传播的方式扩散，最终达成交易。现在微商涉及的产品种类越来越多，从单一的面膜化妆品类发展到现在的众多行业，涉及的人也随之增加，但是能够坚持半年以上的人寥寥无几。他们离开的理由很简单：赚不到钱。

有人曾经问过我一个问题：微商做得最好的是谁？这个答案我还真不知道。

问我这个问题的人是一个刚进入微商行列的新人，对微商并不是很了解，看别人的生意非常好，而自己的成单数量只有人家的几十分之一，所以就开始思考产生问题的原因，但是没有想出结果。他问我这个问题，是想向做得最好的人学习。

问题虽然没有答案，但是开始思考就是一件好事情。

为什么其他人有客户源而自己没有？

为什么其他人的转化率比自己高出很多？

为什么他们一天的出货量是自己半个月的出货量？

微商多问一些问题，然后尝试着解答，通过实践检验自己答案的正确性，这才是做微商的正确道路。

那么，我们怎样从一个对微商一窍不通的人一步步成长为成功的微商呢？如图 4-7 所示。

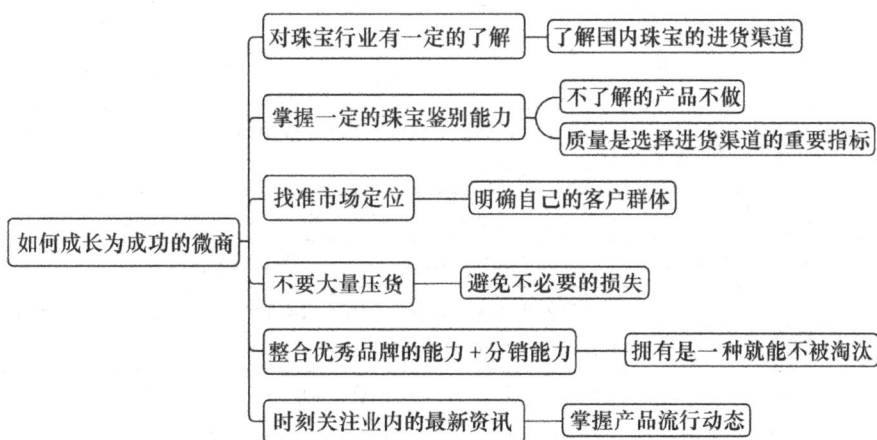

图 4-7　如何成长为成功的微商

微商的特性让其对参与者有一定的要求。微商是"熟人经济＋信任经济"。这就是说在社交上具有优势才容易成功，如人际关系发达、人缘较好、能够获得其他人的信任等。

◆ **对珠宝产业要有一定的了解**

"知己知彼，百战不殆"，这句话在任何行业都适用。任何人要想进入一个行业，必须对这个行业有充分的了解。有的微商只是稍稍看了一个关于珠宝的网站，就觉得自己已经足够了解了，然后在进货和销售的时候不停地栽跟头。

开店还有非常重要的一点，就是要有好的进货渠道。珠宝微商要想选择一个合适的进货渠道，**一是依靠对珠宝的鉴别能力，二是依靠对市场的了解。**中国的珠宝产业大致分布在以下几个地区，如表4-5所示。

表4-5　中国珠宝产业分布情况

地区	发展情况
深圳——珠宝之都	目前，深圳市与珠宝相关的企业有3000多家，占据了国内市场份额的七成以上，每年加工珠宝所创造的产值超过800亿元，从事这个行业的人员大约有20万人，被称为"中国珠宝之都"。深圳在珠宝产业有这样的说法：世界珠宝看中国，中国珠宝看深圳
广州华林——服务全国	有超过5万个商家，产品覆盖手串、文玩、彩石珠宝等，直接和厂家对接，服务全国珠宝商
广州番禺——珠宝镶嵌	有着先进的珠宝镶嵌加工技术，在中国甚至亚洲都是首屈一指的珠宝首饰加工基地
广东四会、平洲——翡翠	翡翠毛料、翡翠挂件、翡翠手镯
广东揭阳——高端翡翠	"亚洲玉都"，国内90%的中高档翡翠玉器出自这里
广西梧州——人工宝石	"世界人工宝石之都"，人工宝石的产量占全国总产量的80%，占世界总产量的70%
山东昌乐——蓝宝石	"蓝宝石之都"，占全国总储量的90%以上
江苏连云港——天然水晶	"水晶之都"，年产天然水晶占全国总量的50%
浙江诸暨——珍珠	知名的珍珠之乡，产量占全国总量的80%，世界73%的淡水珍珠产自诸暨
福建莆田——银饰之乡	相关从业人员达20余万人，年销售额超百亿元
云南瑞丽——彩色宝石集散地	享有"东方珠宝城"的美誉，在国际珠宝产业中占有重要的一席之地

◆ **掌握一定的珠宝鉴别能力**

一些微商在选择产品时就已经出现了问题，之后沿着错误的道路越走越远。那么微商应该如何选择产品呢？

首先，做的商品要靠谱。一些微商不了解商品就给朋友推荐，结果钱没赚到，还失去了朋友。

　　其次，当确定产品的品类后，就要挑选合适的进货渠道。 挑选进货渠道是一门学问，不要将价格作为唯一的衡量标准，对产品质量也需要重点考察。

　　最后，学会鉴别珠宝是经营珠宝生意的基础能力。 也许有人并不认同这一点，认为应该在实践中慢慢学习，不能纸上谈兵。但珠宝产业具有特殊性，圈子也比较小，一个珠宝商的信誉是非常重要的；没有足够的鉴别珠宝的能力，最终会害了别人也害了自己。

　　此外，学习与珠宝相关的知识，要将理论与实践结合，多逛一些大型珠宝市场，多观察，多发问，这样才能快速增长自己的珠宝知识。

- -

　　一个学员给我分享过她自己的故事。

　　这个学员入行一年多，现在在她手里还有一批刚进入这个行业时进的宝石。这批宝石当时进得比较多，但是只卖出去一小部分。

　　后来这位学员学会了一些珠宝鉴定知识，马上就停止售卖这批宝石。她对把这种品质的货卖给客户感到惭愧。为了弥补当时的客户，她思考了几天之后做出了一个决定：之前在她这里购买宝石的人，如果现在有不喜欢的，可以随时退换。

　　对此她解释说，真正好的宝石，客户是不会退回来的。而当时那批品质较差的宝石，有退回来的她也欢迎。即使自己会因此受到损失，但是信任和口碑是用钱换不回来的。

　　她刚入行进的那批宝石虽然都是真货，但是用现在的眼光来看，这些宝石成色太差，切工也太差。如果是现在，即使价格再便宜，自己也不会进货。

　　但刚接触珠宝产业时，她对产品的评判标准依次是珠宝的真假、珠宝的价格、珠宝的品质。正是因为这样的评判标准，让她进的宝石一年多还没有销售出去。

不过，在行业里闯荡了一段时间之后，她改变了进货时对产品的评判标准顺序，依次为珠宝的真假、珠宝的品质，最后才是珠宝的价格。标准顺序的改变是因为她鉴别珠宝的知识有所增长，知道了如何判断珠宝的好坏，并且她的心态也改变了：进货的价格高无所谓，只要珠宝的品质好，即使暂时卖不掉，留着等待涨价也是一个好的选择。

◆ 找准市场定位

将市场做细致的划分，找准自己的市场定位。这一点对珠宝企业日后的经营至关重要。如果珠宝企业瞄准的客户是在校学生，而学生的经济能力较弱，所以销售的珠宝就要以低端为主；而如果珠宝企业瞄准的客户是上班族，销售的珠宝就要以中高档为主。

◆ 不要大量压货

鉴别珠宝不是能够辨别真假就可以了，还要能够判断珠宝的品质，在拥有这样的能力之前不要大量压货。压货不但会给自己带来资金压力，同时还会提高自己承担的风险，很容易造成巨大的损失。

◆ 整合优秀品牌的能力 + 分销能力

在微商圈中，拥有两种能力能够保证自己不被行业淘汰，**这两种能力分别是整合优秀品牌的能力和强大的分销能力**。两种能力只要拥有其中一种就行。

为什么整合优秀品牌的能力很重要？珠宝产业中的大品牌拥有较高的社会信任度，在其背后还有强大的供应链优势，所以称为"优质品牌"。而小品牌不具备上面所说的优势，很多曾经风光一时的小品牌突然消失了，是因为前端发展太过迅速，而供应链跟不上前端的节奏。

为什么要拥有强大的分销能力呢？首先，并不是每个人都能掌握优质的品牌资源。既然无法满足这个条件，又想进入微商领域，那就需要从分销方面做突破。

例如，一个人想进入微商，但是没有足够的资金，也不想为了获得低价而压一堆货在手上；通过对自己的分析后确定自己的优势是拥有广泛的社交关系，这时就可以选择推广一些自己认为价格合适、品质良好的珠宝产品卖给朋友，在完成交易之后就能从中分得利益。

这时的利益是从产品商家节省的产品推广费用中得来的，这是一种合理的让利。目前，电商订单的平均获取成本超过百元，一些新品牌甚至更高。在这种情况下，帮助产品商做推广，从交易中获取利益，就是非常合理的了。看上去参与者似乎没有什么投入，但实际上投入的是自己的人际关系成本。

◆ 时刻关注业内的最新资讯

现在是一个信息爆炸的时代，各种信息只要想知道，就能从互联网上搜到。珠宝企业了解行业的最新动态是必做的工作，如：最近热播的电视剧中出现了哪些珠宝？最新的时尚杂志推荐了哪些珠宝？掌握了这些信息后迅速寻找货源，再利用所掌握的信息进行产品推广，客户自然会被吸引过来。

更深度的信任：信任是珠宝微商的生存之本

相信不少人有这样的体验：一打开自己的朋友圈，发现已有大半被广告营销占领，如卖面膜、晒订单等。试问：在庞大的微商大军中，真正踏踏实实做生意的有几个？认认真真做事业的有几个？认为自己的事业是有前途的、自己卖的产品是有质量保障的又有几个呢？答案是不容乐观的。

我曾经在网上看到一个帖子，发帖人看到自己身边有人做面膜代理，只需投入几千元，一天就能够赚回来，所以自己也想做，于是到网上征求大家的意见。我们先不考虑这帖子是否为营销软文，单说文中所说的内容，做这种面膜的微商代理真的这么赚钱吗？对此稍有了解的人都明白，这种代理是一种金字塔模式，产品像是击鼓传花，从金字塔顶端一层层往下传。

我的朋友也说过一件事。几个月前，这位朋友去参加一个宴会，饭桌上一个小姑娘是做微商快消品代理的。朋友对此比较感兴趣，就问这个小姑娘：你的产品有什么特点、生产厂家在哪里、和同类产品比优势是什么。结果这个姑娘答不上来，只能反复说几句产品宣传语。最后她说实话了，她做的产品自己完全不了解，是别人推荐给她的，所以头脑一热就投钱做了。结果现在货压在手上卖不出去，上级代理又不肯退钱，全砸自己手里了。

在我看来，这种代理只能说是刷朋友圈卖货的，并不是真正的微商。

目前，中国市场的开放力度加大，同时政府的监管力度也随之加大，引导市场向健康的方向发展。在这大种环境中，无论是不良商业模式还是假货泛滥等严重危害市场健康的行为，都会有所收敛。而微信这种社会化媒体的出现对中国的商业形式变革产生了巨大的影响，所以，未来社会化媒体会在新型商业模式中起到重要的作用。

微信是微商的助推剂。没有微信，微商不可能如此迅速地发展。但是仅靠刷朋友圈销售的时代已经结束了。商家因信息不对称而获得红利的情形在现在的环境中已经不复存在，单纯依靠产品或价格同样难以获得优势。现如今，商家同用户的关系才是最重要的，并且随着生活水平的提高，用户对产品和服务的要求也逐渐提高。

◆ 全民开店是未来的趋势

几年前我就和朋友聊过：互联网会对未来的零售行业产生什么样的影响，

如何在这种变化中寻找机遇。

传统的零售模式是供货方—多层级代理—最终用户。

那么，如何将这个模式重塑整合呢？这就涉及"全民开店"这个概念。像新媒体广告，就是整合了多方资源打造出来的。商家也可以对用户的社交工具进行资源整合，寻找一条全新的信息传播途径。

这里需要说明的一点是，全民开店并不是每个人都开网店创业，这种方式有太多不可控的情况，很容易扰乱整个市场。

◆ 每个人都有自己的"信任额度"

无论是树立品牌形象还是请形象代言人，都是为了获得市场的信任，信任在交易中起到至关重要的作用。微商利用的社会化媒体，在培育信任方面有先天的优势。当然，这种优势也十分考验商家的品质。每个人，或者说每个微商都有自己的信任额度，这个额度是积累的，但是如果经营不善，也会使微商代理"信用破产"。如我买过一款非常不错的项链，就会推荐给朋友，但是如果有一款自己没有体验过、也不知名的项链，即使能够从中获取利润，我也不会推荐给朋友。信任就像信用卡一样，是有限额的。也许朋友出于信任，会接受一次两次的"无良"推荐，但在此之后，信用额度就刷完了。

◆ 信任经济才是微商最终的发展走向

信任经济才是微商最终的发展走向。原因主要有以下几个方面，如图 4-8 所示。

原因 1：信任关系是微商建立的基础

做过微商的人都了解，与客户建立良好的关系非常重要，并且这种关系需要足够的信任。**我们要想加对方为好友，通过好友申请是双方建立信任关系的第一步，所发的内容能够引起好友的注意并产生兴趣是第二步，与好友进行评**

论互动和交流是第三步。经过一段时间的关系培养，陌生人就会变为熟人，弱关系转化为强关系。原本陌生的人通过建立起来的关系，也就容易认可产品。只要产品没有问题，服务能让对方满意，这单生意基本上就可以做成了。

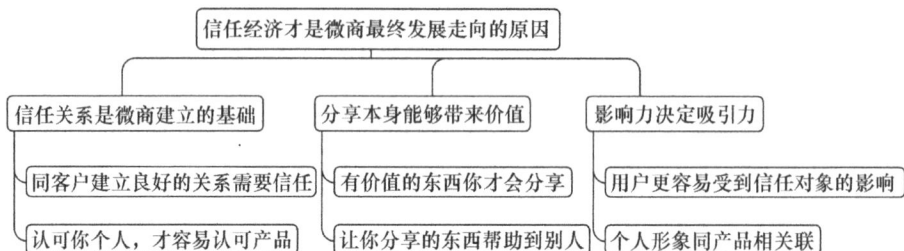

```
┌──────────────────────────────────────┐
│      信任经济才是微商最终发展走向的原因      │
└──────────────────────────────────────┘
┌──────────────────┐ ┌──────────────────┐ ┌──────────────────┐
│  信任关系是微商建立的基础  │ │  分享本身能够带来价值  │ │  影响力决定吸引力  │
└──────────────────┘ └──────────────────┘ └──────────────────┘
┌──────────────────┐ ┌──────────────────┐ ┌──────────────────┐
│ 同客户建立良好的关系需要信任 │ │  有价值的东西你才会分享  │ │ 用户更容易受到信任对象的影响 │
└──────────────────┘ └──────────────────┘ └──────────────────┘
┌──────────────────┐ ┌──────────────────┐ ┌──────────────────┐
│  认可你个人，才容易认可产品  │ │  让你分享的东西帮助到别人  │ │  个人形象同产品相关联  │
└──────────────────┘ └──────────────────┘ └──────────────────┘
```

图 4-8　信任经济才是微商最终发展走向的原因

原因 2：分享本身能够带来价值

我们在遇到新鲜事物或有意思的文章时，会选择分享给朋友，这样做是因为我们从这些东西中得到价值和乐趣，同时我们还希望自己身边的朋友也能够从中感受到乐趣。这种分享是没有回报的，我们无法从中获得直接的利益。这时如果将分享变为有偿的且能够从中得到利益，相信会有不少人愿意参与进来。

原因 3：影响力决定吸引力

虽然微商的门槛非常低，大多数人可以参与，但不是每个微商都可以成功的。与在互联网上的普通人相比，意见领袖做微商更容易成功，因为他们具有更大的影响力，用户也更容易信任他们。影响力决定吸引力，影响力发展到最后就是产品人格化的具体体现，和产品打交道也是和人打交道。这样的例子在现实中有很多，如我们提起微软就会想到比尔·盖茨，说到乔布斯就离不开苹果手机，看到"罗辑思维"马上联想到罗振宇等。

社会化媒体是微商建立的基础，而在社会化媒体中，信任是人与人的关系的基础，所以微商是一种信任经济，每个微商都用信誉为他代言的产品背书。移动互联网的日益成熟让信息进一步透明化，消费者与商品的关系会越来越对称，消费者与商品背后的卖家的关系会越来越紧密，而这种信任经济将会加速商品的流通。

更聪明的聚焦：你在找精准粉丝，精准粉丝也在找你

很多人做微商走进了一个误区：加的人越多越好，人够多才能提高购买率。其实并非如此，大家都在说精准营销，精准才是核心。漫无目的、盲目加粉，这样加来的人大多不仅不会是你的目标客户，还会招人反感。我们要做的是，找到精准粉丝，并且能够让客户主动加我们，具体如图 4-9 所示。

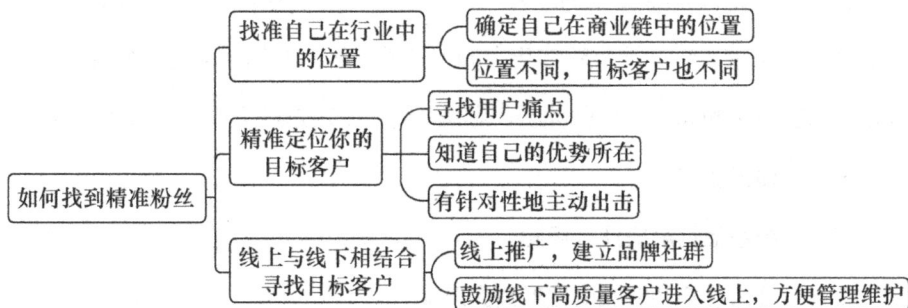

图 4-9　如何找到精准粉丝

◆ 找准自己在行业中的位置

你要想做好微商，首先要找到自己的位置，**即在所做产品的商业链条中处于什么位置，是产品品牌创始人？一级代理商？二级代理商？还是代理下面的分销商？明白了自己所处的位置，才能找到适合自己的商业路线。**如果一个微商是代理下面的分销商，却总是想着找到一次购买成百上千个产品的客户，是不太可能实现的。

处于分销商的位置，产品从工厂出来经过了几个环节才到自己手上，客户

在有批量的情况下也不太可能选择向分销商直接购买，即使分销商愿意贴钱批发，也不一定能够得到消费者的信任。所以，明确了自己所处的位置，才能知道自己未来的方向。

◆ **精准定位你的目标客户**

无论从事的行业是什么，了解客户都是必须做的事情。也许你对自己的产品非常了解，知道产品的所有特性，对产品相关的知识也熟记于心，但是你可能并不知道客户被哪些问题困扰，所以现在需要做的就是找到这些困扰客户的问题，即寻找用户的痛点。此外，你还要知道当目标客户遇到问题时会去哪里寻找答案，他们在哪些网络平台较为活跃。

在这一步，具体需要找到的客户信息包括用户的年龄、身份和活跃片区，以及他们的需求，这就涉及新零售中的大数据技术。如何精准地找到客户是所有微商都在思考的问题。在思考这个问题之前，需要先弄清楚以下几个问题：

客户群体是哪些？

自己能帮助他们解决什么问题？

自己有什么优势能够吸引他们购买产品？

优势包括很多种：**产品价格低于市场是优势；产品质量好是优势；有广泛的社交关系是优势；自己的专业知识够多、服务态度够好，客户很容易对自己产生信任，也是优势。**

所以，优势并不单指产品方面，影响客户选择的还有很多其他因素，如给别人带来有趣的感觉，这也会影响客户的选择。所以，微商在朋友圈中不要一味地发广告，还应该展示一些不带营销性质、有趣的内容。

获得客户的渠道有软文推广、熟人或朋友介绍以及客户口碑的传播等。

盲目地加好友是一种非常不理智的行为，并且很多人在加完之后就不再和对方互动，只是一味地刷广告，这种行为很容易引起他人的反感。刷广告是需要的，但是要讲究方式方法，每天刷广告只会让别人屏蔽你。

微商需要做的就是有针对性地主动出击，通过写软文的方式让用户了解你的品牌和产品、喜欢上你。如用户对黄金饰品感兴趣，就会经常逛一些相关的论坛。这些相关的论坛就是黄金饰品微商的战场。微商根据所掌握的客户痛点，在软文中加入对用户有价值的东西，当用户对软文感兴趣后，就会主动联系。有这样几篇高质量的软文，粉丝数量就会直线上升，并且粉丝的质量较好，属于意向客户。

有些微商可能会说自己文笔较差，写不出好文章。这其实并不重要。软文不需要有多高的写作水平，毕竟不是写论文，重要的是软文的内容。内容才是用户想要看到的，如用户正在寻找一个问题的解决方法，而软文里刚好就有答案，那么用户就不会在意软文的文采到底有多好。

◆ 线上与线下结合寻找目标客户

目标客户是谁？他们有什么购物习惯？他们在哪里？这些都是微商需要思考的问题。

珠宝微商知道了目标客户在哪里后，就可以去他们所在的圈子做较精准的推广营销。目前聚集人群较多的是微博、微信之类的社交平台以及一些专业论坛。

对珠宝产业来说，客户的实际体验非常重要，纯粹的线上推广和纯粹的线下推广都不能产生非常好的体验。所以，采用线上与线下结合的方式寻找目标客户比较好。

微博和微信都是很好的线上平台，对珠宝企业的作用非常明显，如利用微博和微信朋友圈进行品牌推广。

珠宝微商在线下寻找高质量的客户，再通过奖励或优惠的方式，吸引客户从线下转到线上，加入线上平台，这样有助于维护客户。

珠宝微商还可以在一些较为出名的奢侈品网站或购物网站定期举办珠宝定制的活动。这些网站流量较大，通过与之合作的方式可以提升品牌的影响力。

珠宝微商可以与线上相亲、婚庆网站或者线下的婚介机构合作。例如，某婚庆网站举行活动，新婚夫妇只要到指定酒店举办婚礼，就可以获得与该网站合作的珠宝公司提供的情侣对戒优惠券。客户得到优惠券之后，可以自己使用，也可以转赠给他人，产生传播品牌的效果。

◆ **进入业内交流圈寻找客户和合作者**

每个行业都有用户自发形成的交流圈子，如翡翠圈子、钻石圈子等。在这些圈子中，微商可以以爱好者的身份进入，多结交朋友。

粉丝对微商的重要性不言而喻，没有粉丝就做不好微商，但并不是有了粉丝就可以做好微商。在寻找粉丝的过程中不要盲目地吸粉，不注重粉丝质量以及与粉丝的互动。

更温柔的软文：让用户自愿为你转发买单

◆ **最早的软文：钻石恒久远，一颗永流传**

珠宝本身的价值只是它的一部分，人们往往通过珠宝传递自己的情感，如钻石象征着经久不衰的爱情。

在 20 世纪初的欧美珠宝市场上，钻石还没有现在这么热门，很多人并不认可钻石的价值。当德比尔斯说出那句经典广告语"钻石恒久远，一颗永流传"之后，钻石就成了爱情的象征，珠宝界因此发生了变化，钻石立刻成为珠宝市场上的宠儿。

从这个例子可以看出，珠宝本身具有的价值只是人们喜好珠宝的一部分原因，另一部分原因是珠宝具有的附加价值。"钻石恒久远，一颗永流传"的广告语赋予了钻石爱情的属性，因此受到市场的热捧。

如果珠宝微商都能写出这样的软文，一定能打动客户，产品自然会有销量。

◆ **明确软文和硬性广告的区别**

软文是针对硬性广告来说的。珠宝微商在使用软文推广的方式前，要先明确软文和硬性广告的区别。我在网上看到不少所谓的"软文"，内容主要是产品名称、效果、用户好评及联系自己的途径。这种文章并不是软文，最多算是硬性广告。

如果微商写的软文像硬性广告一样，将自己的产品信息和公司信息直接写到标题和文章里，想必大多数论坛管理员看见这样的帖子都会删除。即使文章没有被删除，也没有多少人感兴趣。

推广产品，吸引客户，提高销量，这是软文需要起到的作用。但是现代人普遍对生硬的广告比较排斥，这就要求文章的广告意图要隐藏得足够深，让看到软文的人在不知不觉中接受广告，进而了解企业希望传递的信息，最后促成交易。

◆ **让软文有阅读价值**

微商要想让客户看了软文之后不反感，并且还想和软文的作者联系，就要求软文必须有价值。

什么是价值呢？**价值是链接商家和客户的枢纽。**

在福布斯发布的品牌价值排行榜上，苹果、微软、谷歌等公司的品牌价值达上千亿美元。为什么价值这么高？因为这些品牌已经深入客户心中。

软文是展示产品的一种渠道和方式，把产品和个人品牌植入客户心中。死板的广告，单一的推销方式，都不是客户喜欢的，每个人一天中都要接触无数广告：电视、网页、路边、短信、手机 App 广告，车厢里的移动广告……

所以，软文要吸引人，内容就必须有阅读价值，能够给阅读者的生活和阅历加分，增长知识，引起深入探讨的欲望。软文把产品的卖点和客户的痛点联系起来，才会吸引人。软文要写得有意思、好玩、有创造性，才能让更多的人愿意看。

我认识一个朋友，他是做蜜蜡微商的，并且生意做得不错。这并不是因为他很会经商，只是因为他比较善于写软文。

在我这个朋友没有做蜜蜡微商之前，蜜蜡就已经流行了一段时间。朋友从中看到了商机，于是进入了这个行业。但是他对蜜蜡并不怎么了解，从网上搜索也只能找到一些零散的资料。在收集蜜蜡相关资料的同时，他突然想到：缺乏蜜蜡知识不是自己一个人遇到的问题。如果自己能够将蜜蜡的相关知识整合起来，然后写成文章，那些喜欢蜜蜡但又不了解的客户，就会对自己的文章产生兴趣，从而关注自己。

于是这个朋友四处搜集蜜蜡的相关知识，并且还专门到图书馆学习，将相关资料进行整理编辑，写成软文，而且他本身文笔就不错，因此，出自他手的软文都是高质量的软文。

他在第一次将软文发到一些相关论坛之后，一个星期就有8个人加他为好友，之后每天都有一两个人加他。两个月后，他遇到的最大的问题就是寻找蜜蜡货源，因为加他好友的人，大部分从他这里购买了蜜蜡。

4个月后，这个朋友的粉丝超过1000人，其中80%是自己的客户，绝大部分人是在看过他写的软文之后联系他的。

后来，这个朋友在做了一年多的蜜蜡生意后，有了一定的资金，现在转行做有色宝石微商，并且成立了公司，线上与线下双管齐下，经营得非常不错。

◆ **借助他人的力量传播**

软文的传播除了需要优质的内容，还需要有足够影响力的人推动，如某方面的意见领袖。意见领袖可以是拥有庞大粉丝群的网络名人，可以是知名的公众号，也可以从线上平台的用户中寻找、借助这些人的力量推动软文的传播。这种方式通常会产生事半功倍的效果。而判断一个人是否适合推广软文，需要首先了解对方的粉丝数量，以及粉丝的活跃度和扩散能力。

◆ **软文的关键：挖掘客户的内心需求**

珠宝不是日用快消品，每件珠宝产品都可以有自己的故事，微商要做的就是挖掘这些珠宝的故事，要与消费者的内心需求结合起来。

消费者在购买珠宝前，可能会对多个品牌进行比较。在了解多家的产品之后，产品介绍已经无法引起消费者的注意，这时微商就需要向消费者讲述珠宝产品背后的故事，在故事中引导消费者对产品产生兴趣，最终产生消费。

微商写软文，首先要学会挖掘珠宝的价值。珠宝的价值主要有以下 4 点，如图 4-10 所示。

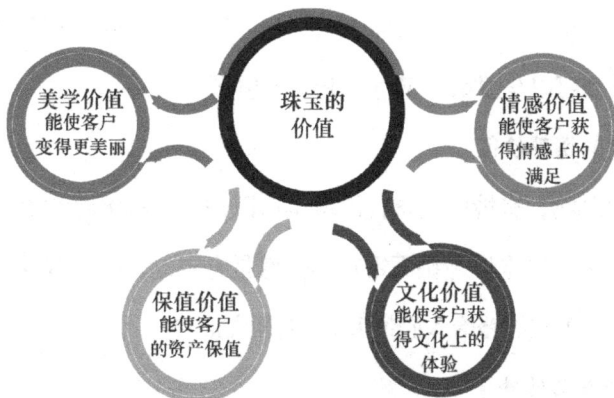

图 4-10 珠宝的价值

（1）珠宝的美学价值（装饰价值）

很多天然宝石在地下埋藏了上亿年才被挖掘出来，同其他地下矿产相比，宝石的数量是非常稀少的，经过加工后的宝石外观非常符合大众的审美，这些因素注定了珠宝具有不菲的价值。

（2）珠宝的保值价值

珠宝虽然不像金银那样被当成硬通货流通，但是其本身存在的储备价值并不逊色于金银。无论是在中国还是外国，珍稀珠宝历来都是人们喜好的东西。珍稀珠宝常常被当作衡量财富以及实力的一个标准。在我国，不少家庭还将珠宝作为"传家宝"一代代传递下去。

我们从人们对珠宝的态度中，可以看出思想和文化的差别。大多天然形成的宝石不可再生，而珠宝又有着不菲的价值，因此具有收藏价值。拥有收藏价值意味着拥有投资价值。目前，中国的投资大多集中在地产、股市、珠宝等方面，所以很多人在购买珠宝时都抱有保值投资的想法。

（3）珠宝的文化价值

珠宝对社会的文化和进步有着深远的影响。"和氏璧"的故事在中国是家喻户晓的，"价值连城"这个成语就出自此处，这代表了当时玉石文化的价值观。当时玉器的价值可以与国家、权力和土地画等号。

（4）珠宝的情感价值

人是情感动物，有情感需求，而珠宝可以作为一种情感的寄托，如结婚时购买的钻石婚戒。珠宝作为钻石婚戒的价值是有限的，而其本身带有的情感属性是无价的，因为它能够给人们带来美好的回忆。

◆ 软文标题的选择

一篇文章的标题写得好就成功了一半，没有好的标题，很难吸引读者阅读。

微商写软文的第一步就是要有个让人产生兴趣的标题，这也是提高点击率的重要因素。微商写软文是为了让潜在客户看到。如果微商对自己的潜在客户有足够的了解，知道他们需要什么、对什么感兴趣，就能写出一个具有高点击率的标题。

上学时，我们写不同类型的作文会有相应的方法，软文也是一样的。大体上软文的标题可以分为 8 种类型，如图 4-11 所示。

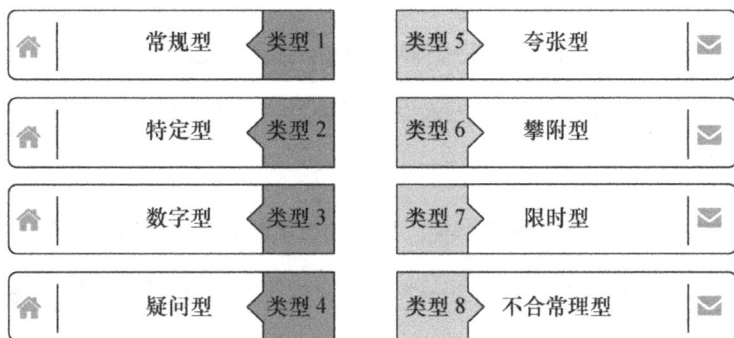

图 4-11　软文标题的类型

类型 1：常规型

最常见的类型，标题表达的是软文内容的基本信息。

例如，"2016 年中国珠宝产业分析报告"；"一个珠宝设计师的日常工作内容"。

这类软文标题虽然缺乏新意，让人感觉死板，但是由于标题非常朴实地将软文的基本信息概括出来了，读者能够在看到标题之后就知道软文的大致内容。

为了弥补标题缺乏新意的缺点，微商在使用这类标题时应该多加一些修饰词，以此增强标题的吸引力。

类型 2：特定型

标题针对某个特定的人群，通过这种方法引起目标人群的关注，同时吸引目标外人群的注意。

例如，"80后大学生的创业史"；"时尚达人必备的珠宝清单"。

特定人群在看到针对自己的软文标题时，兴趣必然会提升。这种方法看上去似乎让软文阅读人群的范围缩小了，其实不然。标题针对某个特定人群，反而会让一些目标外的人群产生好奇心，从而也会点击查看。这种标题可以提高软文的点击率，不过针对哪个特定的人群，如何提炼标题内容，就要看创作者的水平了。

类型3：数字型

通过加入具体数字的方法突出标题的内容，会产生让人意外的效果。

例如，"2019年珠宝产业的五大发展趋势"；"3025天的练习！我只为做好一件事情"。

数字在标题中的威力不容小觑，具体的数字能够给读者带来心理上的震撼。读者会因为数字而产生好奇心，想从软文中寻找答案，从数字中获得支持和力量。《羊皮卷》里有一句名言：极大的张力能够带来极大的和谐。而放到这里就是"极大的数字能够带来极大的震撼"。

类型4：疑问型

标题内容为寻求帮助而提出问题，以此让读者产生共鸣。

例如，"市场竞争如此激烈，现在微商的出路在哪里？""我该如何实现自己的创业梦想？"

很多专业的网络推手喜欢使用这种标题，以此获得高点击率。软文要达到预期的目的，让读者与软文内容产生共鸣是最有效的手段；而从正文中提炼出一句带有疑问的标题，能够让读者快速产生共鸣。

目前在网络上使用这种疑问型标题的软文，大部分是由专业人士策划的。我们可以试想一下，让读者产生共鸣，从读者的角度寻找解决问题的方法，这种推广手段很有效。

类型 5：夸张型

夸张是可以的，只要你能够在正文里解释清楚自己的标题。但是夸张要把握一个度。

例如，"2017 年卖疯朋友圈、断货数次的蓝宝石"；"风靡泰国明星圈的蜜蜡"。

互联网上的信息真真假假，文章的内容五花八门，常用的格式为：在介绍自己的创业史之后，再将一些成功的数据扩大数倍公布出来，用以鼓励正在阅读软文的人。这种方法有一定的效果，如果你能够将数据自然地嵌入文中，就能大幅提升软文的效果。

类型 6：攀附型

为什么商家请明星担任形象代言人？因为明星具有影响力。我们写软文标题时也可以乘坐明星的"顺风车"。

例如，"细数《太阳的后裔》中宋慧乔戴过的珠宝首饰"；"《来自星星的你》中千颂伊究竟戴了多少首饰？"

明星的影响力有多大，能产生什么效果？我们通过粉丝经济就可以了解了。无论是《太阳的后裔》还是《来自星星的你》，女主角佩戴过的首饰都能瞬间走红。2017 年电视剧《我的前半生》大热，女主角之一袁泉收到的礼物卡地亚手镯也让卡地亚被刷上了热搜，一时间具备了极大的话题度。

类型 7：限时型

标题将事件限定在某个时间段。

例如，"高品质珍珠每日 10:00 ～ 12:00 限时抢购"；"×××珠宝十周年庆，彩色宝石全场八折"。

促销宣传的手段已经过时，限时抢购或限时优惠的方法应运而生。电商的优势之一就是跳出了地域限制，这个优势同时也会带来问题：正是因为电商没有了地域限制，市场竞争更加激烈，各种营销方式层出不穷；只有方式独特，让客户感受到真正的实惠，才能留住他们。因此，限时型标题是一个不错的手段。

类型8：不合常理型

标题体现的是一些不合常理的事情，通过这样的方式唤起读者的好奇心。

例如，"购买了一枚钻戒我中了80万元大奖"；"千万不要将翡翠手镯给闺蜜看"。

这类标题往往让人非常好奇，迫切想知道正文的内容。当然，正文要能够针对标题给予合理解释，不然就是文不对题了。

看完以上这些软文标题类型，有人会认为：这不就是网络上常说的"标题党"吗？并不是。介绍这些只是为了让各位能够利用标题，将正文的精华内容展示给更多的人。

介绍了软文的标题类型后，接下来介绍软文内容的7种类型，如图4-12所示。

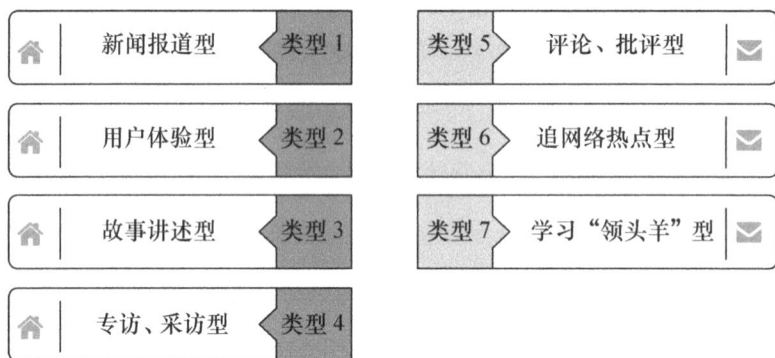

图4-12　软文内容的类型

类型1：新闻报道型

把软文包装为新闻，以媒体的身份发表。这类软文风格比较正式，内容可以是企业发展历程、企业管理者访谈等，主要是为了介绍企业实力、塑造品牌形象。使用新闻口吻报道，然后在新闻媒体平台上发布，软文的真实性和权威性大大增强，企业品牌的形象得到有力提升。

这类软文效果非常明显，但门槛较高。一般软文在相关论坛上注册账号之后就可以发布，而这类软文只有在新闻媒体平台上发布才更有效果，难度较大，适合有规模的企业或营销团队，不建议小规模或者个人商家使用。

类型 2：用户体验型

以产品使用者或体验者的身份发布软文。软文主要以介绍产品优点、企业服务质量和企业实力为主，以此达到传播品牌的目的。很多消费者有从众心理。具有从众心理的用户不信任自己的判断，容易受到他人的影响，这种方法刚好可以影响这类用户的判断。很多购物平台的用户评价系统也是利用了这一点。

这种方法非常简单，也最容易取得用户的信任。你可以从产品使用者的角度出发，从产品的外观、做工、质量以及商家的服务态度进行全方位介绍，再配上实物照片，效果更佳。

类型 3：故事讲述型

软文以故事的形式写出来。读者在看故事的同时，加深了对企业品牌的印象，产生了好感。

故事型软文的内容，一般讲述的是企业的创业史或某个产品的研发史。如"某一珠宝企业成立十几年，其间历经波折但顽强地扛了过来。面对种种困境，企业从来没有放弃，最终一路凯歌，将优质珠宝带给了全国客户"。企业在讲故事的同时，树立企业的品牌形象，通过故事达到品牌传播的目的。

类型 4：专访、采访型

这类软文以访谈记录的形式出现，通过对企业管理者的采访，将企业的品牌文化、战略目标和对用户的承诺表达出来。采访对象以企业高层管理者为宜。

类型 5：评论、批评型

对一款产品进行评论，多以正面评论为主。当然，有时会评论竞争对手的产品，这时会使用一些负面的评论。

当我们在评论自己的一款新产品时，不要全篇一味地使用各种夸奖词语，这样读者一眼就会看出是厂家的广告。应该对产品的卖点多进行赞美，对其他地方采取客观的评价态度，甚至可以在一些不是很重要的地方与业内知名的一线企业的产品做对比，然后稍微加上一些负面评价。

类型 6：追网络热点型

这需要时常关注网络，将一些网络热点作为软文的素材。当然，前提是你能够找到网络热点与自己企业的关联性。这种热点营销非常适合在社会化媒体上使用。如 2016 年非常火的韩剧《太阳的后裔》就是一个可以利用的热点，针对电视剧中女主角所戴的珠宝写一篇软文，或者立刻推出与《太阳的后裔》中女主角同款 ×× 饰品，以此作为软文。

类型 7：学习"领头羊"型

将自己的企业和业内的一些"领头羊"相比，给读者留下一种印象——自己的企业是和这类行业巨头竞争的，借助这些行业巨头的名气传播自己的品牌。

在这一点上，比较典型的就是罗永浩锤子手机的宣传攻势。罗永浩一直都将锤子手机与苹果手机相比较，网络上更有不少关于这种对比的软文。

更人性化的服务：10% 的精力卖产品，90% 的精力卖服务

"做微商就是做服务，就是做信任"。这种话可能每个微商都会说，但是真正能落实的有几个？怎么做好服务？让我下个定义：**用 10% 的精力卖产品，用 90% 的精力卖服务，而不是把所有的精力都放在成交上。**做好服务了，成交反而是水到渠成的事情。微商做服务，做的是细节，服务的关键往往就在几个细节上，值得微商注意和实践。

◆ 注重每个客户的体验

在朋友圈里推广只能算网销的一部分，特别是珠宝产业。客户对与珠宝相关的产品总是有诸多不放心，即使购买了以后，这种不放心也会一直存在。**微商需要做的是对客户提出的问题及时回答或解决；定期回访客户，了解客户最近的情况**。这种做法能拉近与客户的关系，同时也可以让客户帮助自己做宣传。

微商要做好客户体验，就需要对自己的产品及相关知识有足够的了解，当客户向你咨询问题时能够快速、正确地回答，显示出自己的专业能力。这会增强客户对你的信任；同时，当客户不了解一样东西时，容易听取权威的建议，也就是你的建议。如果微商对产品还没有客户了解得多，客户又怎么敢买你的东西呢？

你要想从众多微商中脱颖而出，就要具有自己的特点；有特点才会让客户记住产品，有助于品牌知名度的提高。如一些电商商家会在发货时给客户附赠小礼品或者贺卡，这就值得微商借鉴。当然，并不是说微商必须在发货时给客户附赠东西，这里只是借鉴思路。不同的微商应该根据具体情况做一些变通，如微商是销售戒指的，那么在给客户发货时就可以附赠戒指测量指环，这一方面让客户感到贴心，另一方面有助于客户的二次成交。

◆ 营销自己胜于单纯营销产品

珠宝微商无论经营什么产品，通过营销自己所产生的效果要比单纯营销产品产生的效果更好。珠宝微商在朋友圈塑造一个热爱生活并有独特观点和见解的形象，才是其他人喜欢关注的形象。当客户认可了你这个人，建立了信任关系，才更容易接受你所销售的产品。珠宝微商不要在朋友圈发抱怨生活之类的负能量信息。

珠宝微商要打造自己的形象，让你的朋友、粉丝喜欢你，可以这样操作：

（1）每个账号都需要设置头像，最好把你本人的照片作为账号头像；

（2）一个好的昵称会让他人更容易记住你，昵称最好是中文，2～3个字比较合适；

（3）要选择明朗的、让人感到愉快的照片作为朋友圈的封面；

（4）签名不要涉及营销内容，可以使用一些充满正能量的句子或者励志短句。

微商在打造朋友圈时，首先不要刷屏。其次，软文数量也有讲究，并且内容要有区分。每天最多可以发5～6条朋友圈，太多就会引起别人的反感。这5～6条朋友圈的内容可以这样规划：有关自己生活的朋友圈一条；产品推广信息两条，选择软硬结合的方式；客户的反馈信息或者与客户的聊天内容也可以发一条；临睡前发一条正能量信息，可以是最近的新闻，也可以是精心找到的笑话；剩下一条根据自己的情况来定。

这里说明一下，除了产品推广和客户反馈的信息，其他朋友圈信息也可以加入软广告，但不要经常这么做。

◆ **完善的售后服务体系**

不少珠宝从业者在刚开始接待客户时，态度非常好，但给客户介绍了半天，客户没有什么反应，这时就有可能产生不满的情绪，如果客户是前来解决售后问题的就更不耐烦了。这种情况是可以理解的，毕竟自己的付出没有立刻得到对方的认可或回报。但是，如果微商想让自己的珠宝店长久经营下去，就必须懂得处理售后问题的重要性。及时解决售后问题会让客户更加满意，并且有助于传播品牌。

如何将售后服务做到最好？如何通过售后服务达到传播口碑的目的？售后服务有哪些细节需要注意？这是每位珠宝微商都需要思考的问题。售后服务是增加营销附加值的内容，如珠宝的清洗、保养、维修及客户遇到的关于产品的问题等都是售后服务的内容。珠宝微商将售后服务做好才能和客户成为朋友，才能获得好的口碑，才能产生二次购买，才能产生推荐购买。

服务是企业重要的竞争力之一，售后服务更重要。售后服务不到位，之前在客户心中塑造的良好形象就会化为乌有，不仅会失去这位客户，而且这位客户还有可能因此向周围的人传播品牌的负面信息，这种信息的传播在互联网时代对珠宝企业的不良影响非常大。

销售过程并不是在用户购买产品之后就结束了，因为售后也是销售环节的一部分，可以说售后服务是在为下一次销售做准备。如果售后服务工作让客户满意，客户重复购买的概率就会大大增加，并且还有可能把你的产品介绍给其他人。同时，售后服务与客户对品牌的信任度有直接联系，好的售后服务会大大提高客户对品牌的信任度。

商家要想把售后工作做好，就要站在客户的角度考虑问题。人的内心总是变化的，为了让客户满意，商家需要多和客户沟通，了解他们的想法，调整自己的服务，同时为每个客户建档，定期回访客户，了解产品的使用情况，加深客户对品牌的印象。

🔍 更好的维护方式：粉丝社群化，情感共振化

随着互联网时代的到来，社群已经成为社交发展的主要方向，珠宝企业的粉丝、珠宝微商的粉丝也逐渐开始"社群化"。那么究竟什么是社群呢？

我认为，**将一群有着共同标签、属性、兴趣和价值观的人聚合在一起，形成的群体就是社群。**

粉丝与消费者有什么区别呢？粉丝是基于情感纽带存在的，粉丝身份是消费者身份的超越。所以，品牌有两种选择：要么选择将自己的粉丝转变为消费者，

要么选择将消费者变成自己的粉丝。

无论是雷军的小米还是罗振宇的罗辑思维，都是把粉丝变为消费者的典型案例，这些案例标志着一个新商业时代的到来。

对这个新的商业时代，有人认为是互联网思维时代，有人认为是让普通人能够逆袭的时代。而在我看来，这个新的商业时代是移动社群体系的时代。

社群的基点：**群里的人具有共同的特征、需求或爱好**。换言之，他们的情感将在社群化的过程中产生极大的共振。

在社群刚出现时，很多人将社群看作一个简单的群，但社群和群是有很大区别的。一个社群需要有社交关系链，社群成员是基于一些共同爱好、需求而聚集在一起的，所以形成了社群。

我们可以将社群看作"社交群体"的缩写。我们平时会用 QQ、微信、微博等与其他人互动。QQ、微信、微博等就是社交平台，和其他人的互动就是社交行为。基于这种社交平台，有社会关系的人群聚合在一个群平台，我们称之为"社群"。近几年，社群得到快速发展，原因就是微信的出现以及移动互联网的成熟，这些因素大大提高了社群的互动性。同时，活跃的不仅是微信群，微博群现在也是相当活跃的。

这时，你就会发现一个现象：无论是发微博红包还是发微信红包，都能大大提高社群的互动性，而一个社群的互动性与社群具有的价值有密切的联系。

如何维护社群，如图 4-13 所示。

关键词 1：管理体系

搭建科学、系统的社群运营管理体系。

我们通过比较就会发现，有的社群无论是话题内容还是管理都井井有条，而有的社群就显得非常混乱。混乱的原因是没有管理人员，也没有制定相应的群规。

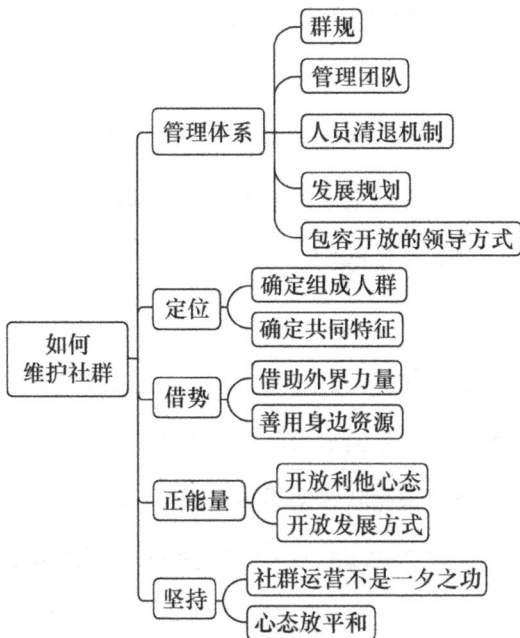

图 4-13　如何维护社群

一家企业人员众多，必须通过管理才能够保证正常发展。社群也一样，社群中的人员众多，要想使社群具有价值，管理者就必须学会管理。无规矩不成方圆，管理离不开规矩。

我有一个学员在社群营销方面做得很出色，她有几个社群，每个群的活跃度都非常高。有一次我让她分享自己管理社群的心得，她提到了两点：

第一，社群管理者每天在规定的时间段禁止成员单独发表情、语音以及实时对讲，因为这些行为可能会干扰其他用户；

第二，社群拥有较高的活跃度，这和社群发起人的能力不无关系，但也不是绝对的；对社群质量影响最大的是社群管理团队。如果社群管理团队能够尽心尽力地维护社群秩序、引导社群成员，这个社群必然是一个高活跃度的社群，也是一个高价值的社群。

具体到操作中，一个成功的社群需要做到以下 5 点。

（1）完善的群规

健全的群规是管理社群的基本要求。一些群规是通用的，如社群禁止随便加人、禁止人身攻击、禁止随意发广告等。有了群规，管理者在管理时才有章可循，这对社群管理来说非常重要。

（2）优秀的管理团队

一个优秀的社群管理团队，首先要有共同的人生观、价值观，这样在处理问题时才能够很快地找到解决方法，减少不必要的内耗。

管理者要想和社群管理团队紧密团结在一起，需要提出一个目标，并且这个目标是社群管理团队希望实现的。如作为珠宝产业的社群，发起者和管理团队的目标是让更多女性在这里找到自信和展现自己的风采，能够用美丽的珠宝为自己增强自信。

（3）人员清退机制

一个高价值的社群需要清退机制。例如，有人加入社群只是为了抢红包，并且从不发红包、从不露面，也不和其他成员互动。这类人在社群中就是毫无意义的，有时还可能造成社群内部的矛盾（这种事情我们已经在新闻上屡见不鲜），管理者需要及时把这类人从社群中清理出去。

（4）清晰的社群发展规划

做好一个社群不仅要集合资源，还需要做好社群的发展规划。

（5）包容、开放的领导方式

社群的管理，特别需要学会包容与开放。社群需要社群领袖，但也需要不同的声音和思维。不要因为自己是社群领袖，就认为其他人都应该服从自己的意见。如果刚愎自用、不懂包容，你所领导的社群是没有办法做大的。

关键词 2：定位

做好一个社群，我们需要用创意给社群做定位，比如我们把粉丝拉进群里，就要了解这些粉丝的组成是哪些人，他们除了是我们的产品的潜在客户（直接客户），还有哪些共同的特征。

例如，她们是二三十岁的年轻女性，那么"买买买"就是一个很好的主题；互相晒物、分享购买心得，护肤群也是不错的思路。群成员如果是热爱翡翠，热爱和田玉、琥珀等具有传统文化色彩的珠宝，有很好的经济实力的三四十岁的男性，那就需要思考适合他们的定位和需求，如自驾、养生等；确定适合他们的主题，而且还要经常策划一些符合群成员实际情况的活动。

关键词 3：借势

抓住推广自己的社群的机会，借助外界的力量做推广。学会借势很重要。一个社群要想得到发展，离不开推广和宣传，有时仅凭自己的力量是不够的，这时就需要借势。社群发起人、社群发起公司、身边的朋友、合作伙伴等，都可以为社群做宣传。借势为社群做推广，要善于利用身边的资源。但借势不是让你只借不还，你在借势的同时也要了解其他人的需求；作为一个社群的管理者，你的手上掌握了哪些资源，这些资源能不能和其他人共享。

关键词 4：正能量

我们做社群，要始终保持开放、利他的心态。社群运营要时刻保持正能量。一个真正良性发展的社群要采取开放式的发展方式，也就是说哪怕其他社群的人来到我们的社群，也要开放和欢迎，不要只想着封闭和利益。我们也可以和其他社群联谊，可以互相帮助，成为彼此的战略合作伙伴。社群的开放精神实际上是社群运行的核心思想。如果社群缺乏开放精神，那就很难把它经营好。我们应该拥有开放的心态，一同为管理和服务社群而努力。

关键词 5：坚持

无论做什么事情，"坚持"是必须做到的，社群也一样。不少人发现社群经济比较火，就开始做社群。做社群并不是短时间就能够见到成效的，就像做微商，很多人进入微商是看到其他人都在做，于是也跟着做。但是热情过了之后，发现效果并不像自己一开始想象的那样，就容易懈怠甚至想要放弃。事实上，做社群是一个长期的过程，我们需要持之以恒并反复改进，假以时日才能取得成效。

🔍 更高的社群活跃度：一切都是为了"逗你玩"

社群成员的活跃度是影响一个社群价值高低的重要因素。因此，珠宝企业要想提高社群价值，就要从提高社群的活跃度入手。社群高活跃度的 3 个关键词，如图 4-14 所示。

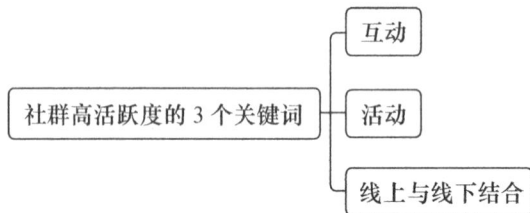

图 4-14 社群高活跃度的 3 个关键词

◆ **互动**

无论是在社群中发红包，还是与社群成员分享有价值的干货，或是在社群内举办一些有奖活动等，这些都是为了提高社群的互动性。一个高价值的社群是一个有着高互动性的社群，提高互动性是做好社群要做的第一件事情。

我们可以通过以下几种方式提高互动性。

用活动来引导：准备一些小奖品，然后组织一些全员都可以参与的有奖活动，如分享活动、投票活动等。

赠送和红包：平时我们可以赠送一些惠而不费的小珠宝，同时还可以利用节日发起相关的红包活动。社群的管理者要想经营好社群，需要付出自己的时间和精力，多策划类似的活动，这样可以提高成员对社群的关注度。

过去，消费者认为钻石是"大件"商品，不是日常就能随随便便购买的产品，购买一个钻石首饰可能需要花掉好几个月的工资。

新兴的互联网珠宝商应该走创新的思路，挖掘消费者的需求点和购买点。

用零钱来"攒钻石"，你想到了吗？

针对这一点，1905 钻石品牌推出了一个非常特别的服务——用微信零钱"攒钻石"，有效地拉低了钻石的购买门槛。

这个"攒钻石"的活动是这样的：每个用户都可以在该品牌的微信平台上开通自己的"攒钻石"账户。用户除了能够往这个账户里存入自己的微信零钱和红包外，还能发动自己的微信朋友送自己该账户专用的钻石红包，让"攒钻石"存钱的过程充满趣味和人情味。

此外，为了增加这个过程的竞争性和趣味性，在该品牌"攒钻石"的平台上，每天都对"攒钻石"活动的注册用户进行排名。根据排名，用户还可以收到平台送出的意外惊喜。这个活动很好地提高了用户黏性和用户参与的热情。

◆ *活动*

提升社群的互动性只是运营社群的一部分，珠宝微商还需要有完整的策划能力。**通过策划高质量的活动增强粉丝的黏性。** 一个好的社群会定期推出不同主题的活动。不断举办活动是很多微商提高影响力的常用方法，如借助其他资源，或者分享自己的知识，或者举办抽奖返利等活动。这要求珠宝微商拥有良好的社群活动策划能力。如果微商还不具备这种能力，就必须去学或进入其他优秀的社群，跟着学习也是可行的。

在活动中提倡"参与感"，要想办法让更多的人参与到活动中来。活动、愉快和参与感，都是主题。切记主题绝对不能是卖货，要让粉丝在这个过程中感受不到太多的商业因素。

做珠宝社群，需要一个优秀的管理团队，需要提高社群的互动性，需要定期策划好活动，还需要社群成员能够"玩"起来。"玩"是一个很重要的理念，粉丝经济和"玩"是分不开的。微信红包为什么现在这么火？虽然钱不多，但是抢的人乐此不疲，因为抢红包就是一种娱乐方式。

在这个快节奏的时代，人人都有很大的压力，这些压力需要得到释放，所以"玩"就成为释放压力的最好方式。

◆ 线上与线下结合

如今线上与线下的界限不断模糊，二者结合已经成为趋势。因此，企业做社群也要将线上与线下结合，提升社群的互动性和影响力。

在运营社群时，**你需要先确定自己的社群类型，然后再有针对性地运营。**如果企业经营的社群是人际关系社群，那么社群成员的交流就不要拘泥于线上，因为人与人的关系链仅依靠微信或 QQ 聊天工具是很难打造出来的。

如果你的社群是人际关系社群，就需要多组织活动，将社群成员从线上聚集到线下，同时将线下参与活动的人拉到线上。通过线下活动提升影响力，再通过线上活动的扩散吸引更多的人参与。一开始你就要把自己的社群定义为 O2O 线上与线下人际关系社群。

结合这种线上与线下的变化，就能提高社群的互动性。

珠宝＋论坛：精准定位目标市场

珠宝企业可以利用线上与珠宝相关的交流平台，通过文字、图片、视频等将自己的企业或产品的相关信息发布出去，从而让更多目标客户了解自己的企业和产品，最终达到宣传和营销自己的品牌、提高市场认知度的目的。

◆ 论坛营销

相对于其他网络营销模式，论坛营销具有四大优势，如图 4-15 所示。

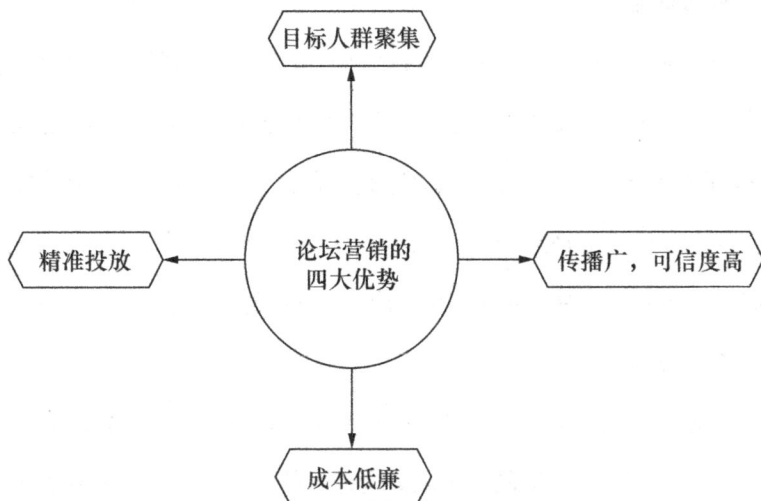

图 4-15 论坛营销的四大优势

（1）目标人群聚集

论坛具有针对性强、人气较高的特点，珠宝企业刚好可以利用这点进行营销和传播。一般论坛的话题都具有较强的开放性，所以论坛几乎可以满足珠宝企业所有的营销诉求，整个论坛营销的步骤包括帖子策划、撰写、发布、监测，以及互动等，通过这一系列的流程保证营销的效果。帖子的形式也分很多种，包括普通帖、谈论帖、多图帖、视频帖等。帖子多以网民较感兴趣的话题或热门事件为主要内容，然后将自己的品牌和产品巧妙地植入正文，从而达到营销的目的。

（2）传播广，可信度高

在论坛营销中，信息大多是以个人名义发布的，这对论坛中的目标人群来说，软文传递的信息要比广告的可信度高很多，营销的目的也就更容易实现。

掌握搜索引擎的收录规则，合理地对软文内容进行编辑，这样不仅能够在论坛中产生不错的效果，也比较容易被搜索引擎收录，如果以热门事件作为内容，那么搜索量是相当大的。

（3）成本低廉

论坛营销还具有成本低、见效快的特点。现在绝大多数网络论坛是免费的，也很容易操作，但对软文的内容要求较高。内容要能够在吸引目标人群的同时，还可以很好地将自己的品牌和产品信息植入进去（人气高的论坛都是禁止广告帖的，所以生硬植入会被删除）。当然，上面指的是最简单的论坛营销方式，较为知名的论坛营销案例是由专业团队打造的，这样的营销成本要高得多。

（4）精准投放

论坛营销的针对性非常强，论坛的每个版块都有自己的主题，如有以钻石为主题的，有以戒指为主题的，有以黄金为主题的。珠宝企业可以在同自己的产品相对应的版块中开展营销工作。同时，珠宝企业还可以通过帖子和网友互动，更准确地了解客户需求，提高帖子的热度。当然，也有为了产生轰动效果选择在所有知名论坛大量发帖的营销，不过这种方式用得较少，效果也欠佳。

◆ 论坛软文营销

营销软文是论坛营销中最常用的一种主要方式。同硬性广告相比，软文的内容包括两部分：宣传内容和文章内容。一篇好的软文能够将这两部分内容很好地结合起来，吸引读者，让读者在了解自己想知道的文章内容后，又接受了宣传内容的信息，如图 4-16 所示。

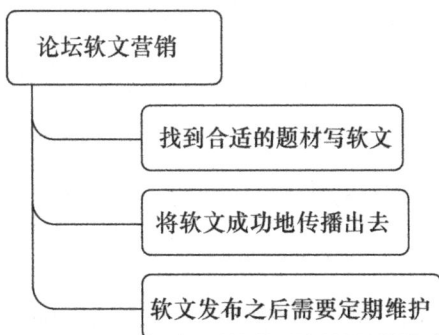

图 4-16　论坛软文营销

写软文首先要找到一个好的内容题材，这个题材可以是热点新闻事件、有争议的文章、能够感动大众的小故事等。其次就是如何将自己想要宣传的产品、服务或品牌等内容很好地与文章内容结合。再次根据需要对软文的结构进行有针对性的设计，在保证"软度"的前提下力求宣传效果最大化，同时把握好软文走势。最后再选择一个能够引起读者兴趣的标题，提高软文的点击率。

我们掌握了论坛的相关数据，有了营销软文，下面就要考虑如何将营销软文传播出去。将软文在论坛当中推广出去，是论坛营销非常重要的一个环节，我们需要明白，随着越来越多的企业加入了论坛营销，大众对软文的免疫力越来越强，论坛管理人员对软文的判断力也越来越高，论坛对营销帖子的处罚力度也越来越大，那么怎么发布信息才能取得预期效果，是所有营销工作人员需要考虑的问题。

部分论坛会有专门的广告版块，在这个版块发帖不会受到限制，当然效果会大打折扣，但是聊胜于无。对那些广告性较强，发到其他版块中帖子存活率较低的软文，这是一个好选择。但是，如果你想达到预期的营销效果，就对这样的软文进行修改后再开展论坛营销。

软文成功发布之后，就需要定期维护。如果软文发布的论坛中活跃人数较多，自己就可以多注册几个账号，然后对自己的软文进行回复，你的回复可以让软文重新排到版块首位。回复也要讲究技巧，你可以故意回复具有争议的内容，引导论坛成员参与帖子的互动。

软文还可以在热度较高的帖子中以回复的形式出现，不过这样的回复被删除的概率较高。

软文营销有时需要多篇软文共同组成。这是一个长期的过程，整个过程需要分阶段进行，在不同的阶段使用不同的软文，软文的广告性也随着阶段的深入逐渐增强，产生较好的营销效果。

论坛营销的步骤，如图 4-17 所示。

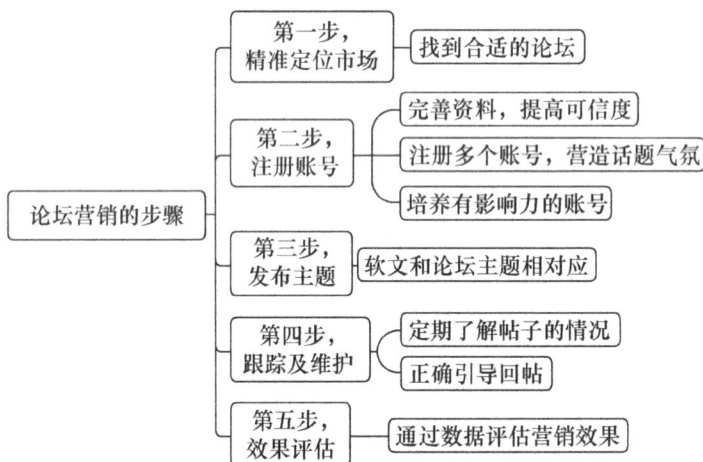

图 4-17　论坛营销的步骤

第一步，精准定位市场

企业在开展论坛营销时，首先要对自己的产品进行精准定位。然后找到网络上比较知名的论坛，再进行分析，找出适合自己的几个论坛，开展论坛营销。

一个适合自己的论坛对营销可以产生事半功倍的效果。

如珠宝企业要想做婚戒的论坛营销，就要精准定位婚嫁市场。

之后企业要做的就是搜集网络上有关婚嫁的论坛信息，再对找到的论坛进行分析，如人气如何？活动人群主要是哪些？论坛发帖制度是什么？等。

第二步，注册账号

选定论坛后，下一步的工作就是注册账号。为了方便管理，所有论坛账号做到统一，注册名称最好是中文名字。资料越详细越好，最后上传头像。这样做可以提高网友对账号的信任度。

在发帖前需要先营造气氛，这时就需要注册多个账号（也就是马甲），引发论坛网友对营销内容产生兴趣，提高帖子的热度。

在论坛营销的准备阶段，为了提高账号的知名度和权威性，管理人员要积极用账号参与论坛讨论，发表自己的看法，让论坛成员熟悉你，同时经常发布一些专业性较强或者有独特观点的帖子，吸引其他成员关注你。

这样运营账号一段时间，你会在论坛中有一定的知名度，这时发布营销软文的效果将更好。

企业还可以选择与论坛里的意见领袖合作，节省培养账号的时间和精力。

学会利用一切可以利用的元素，如论坛签名、论坛头像等。

论坛签名会跟随在你发布的每条帖子后面，出现时也不会显得突兀，设定一个好的签名会对你的营销产生积极作用。

现在所有论坛都有头像设置，你可以选择自己主推的产品图片作为头像，加深论坛成员对企业经营的产品的印象。

第三步，发布主题

软文的内容要和论坛版块的内容相符合，如果相差较大，容易被管理员删除。

如果版块关注人数众多，非常适合营销，但和软文内容不太相符，可以针对版块对软文的内容和标题进行修改，贴近版块主题。

第四步，跟踪及维护

软文发布之后，需要定期回查帖子，了解最新动态，如帖子是否被删除，论坛网友的关注度如何，再和回复的网友进行互动。

一些较为热门的论坛，需要培养高级账号，高级账号需要和论坛的成员建立互动关系，提高账号在该论坛的知名度和关注度。

发布帖子之后最重要的工作是正确引导回帖。

第五步，效果评估

评估一次论坛营销的效果主要看几个数据：发布的论坛数量、帖子的浏览量、帖子的回复量和删帖率等。

论坛营销的四大忌讳，如图 4-18 所示。

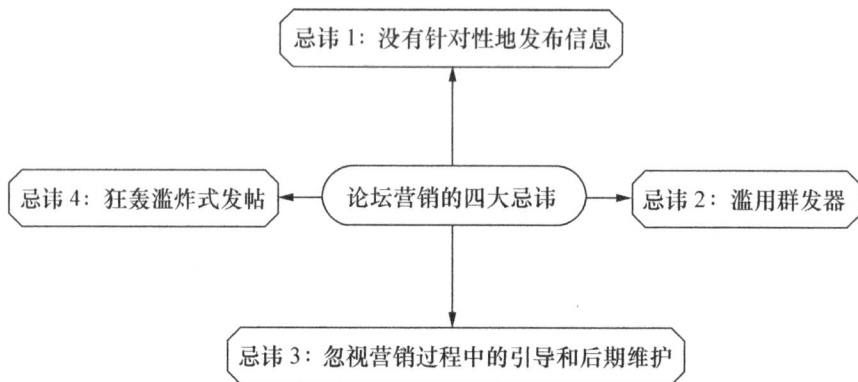

图 4-18　论坛营销的四大忌讳

忌讳 1：没有针对性地发布信息

论坛各个版块聚集的都是有相同兴趣爱好或职业特点的人，每个论坛版块都有自己的主题。如果没有针对性地盲目发帖，结果就是大量的帖子会被删除。

如你将珠宝的软文发布在以游戏为主题的论坛上，肯定没有效果。在寻找软文适合发布的论坛版块时，还需要考虑产品具有的多重属性，根据这些属性选择合适的论坛版块。

如时尚、女性、情感等都可以和首饰产品产生关联，所以与这些内容相关的论坛版块都可以考虑发布。有针对性地进行论坛营销，既可以为自己的产品做宣传推广，又可以对特定人群展开精准营销。

忌讳 2：滥用群发器

论坛群发软件简单实用，能节省大量时间。这种软件被一些互联网推广团队当作论坛推广的必备工具。

论坛有着严格的发帖管理制度，并且还有专门的管理员。现在论坛为了防止恶意注册和发帖，设置的验证程序越来越复杂，群发软件的发帖成功率已经非常低了。

忌讳 3：忽视营销过程中的引导和后期维护

在论坛营销中，发帖只是其中的一步，并不是论坛营销的全过程。在帖子发布之后对论坛成员进行引导以及对帖子的维护都是论坛营销的一部分。

不了解受众人群的特点，后期不进行维护和反馈，这样的营销人员是不负责任的，营销的效果自然也就无法达到预期。在营销时，要能够引导论坛成员参与帖子的互动，在互动的过程中进一步提高受众对帖子的关注度，同时随时对帖子进行维护。

忌讳 4：狂轰滥炸式发帖

在同一论坛版块中大量发布内容相似的帖子，这样的发帖行为会被论坛管理者定义为恶意发帖。

佐卡伊：从淘宝起家的珠宝商

钻石从最初的奢侈品到现在的刚需品，正在一步步地走进普通人的生活。消费者对钻石的需求也在不断上涨，在很多消费者的"双11"购物清单中钻石也在其中。

佐卡伊早在2013年"双11"就以两千万元的订单成绩打破了天猫的订单金额纪录，又连续几年在"双11"促销活动中名列钻石类目第一，这些并不是偶然现象。因为佐卡伊在2013年就意识到电商对珠宝产业的重要性，开始发展自己的电商。

佐卡伊是从淘宝起家的，最初走的就是大众路线。佐卡伊首先将自己的客户定位在那些追求时尚但是购买力有限的年轻消费群体，同时将自己的线上平台与线下体验店结合，以这种方式进行销售。

看上去似乎佐卡伊的商业模式并没有什么出彩的地方，和一般企业做得差不多。但事实不是如此，"外行看热闹，内行看门道"，现在让我们深入了解佐卡伊商业模式的不凡之处。

◆ **清晰的价值定位：锁定年轻消费群体**

佐卡伊在成立之初就确立了自己的产品路线，即以大众化作为主要基调，专门经营各种钻石及彩色珠宝，产品定位是现代时尚风格珠宝，目标人群是年轻的大众消费者，目标是向大众提供消费得起的优质珠宝。

对自己的品牌和产品的清晰定位解决了企业面对的两大战略问题，如图4-19所示。

目标客户是谁？那些喜欢追求时尚但购买力有限的年轻消费群体。

产品的定位是什么？不仅风格时尚，价格还能让大众接受。

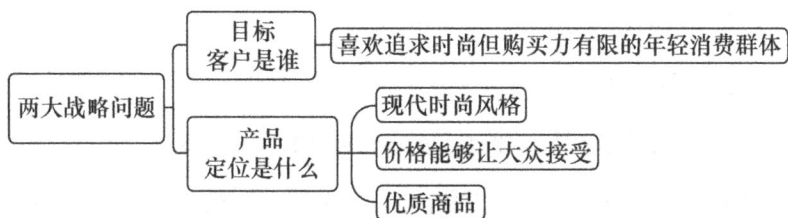

图 4-19　两大战略问题

佐卡伊产品的价格普遍在 500 ~ 2000 元，平均交易额为 1000 元，这点符合佐卡伊对自己的产品大众化的市场定位。针对这个市场定位，佐卡伊还提出了"同样钻石，价格一半"的宣传口号，借此向大众宣传自己品牌的定位和形象。

◆ **模式创新打造佐卡伊的低成本优势**

围绕着锁定年轻群体这个定位，佐卡伊的价格必须亲民。而佐卡伊的产品价格亲民，意味着它必须很好地控制自己的成本。佐卡伊主要通过下面两点实现成本控制，如图 4-20 所示。

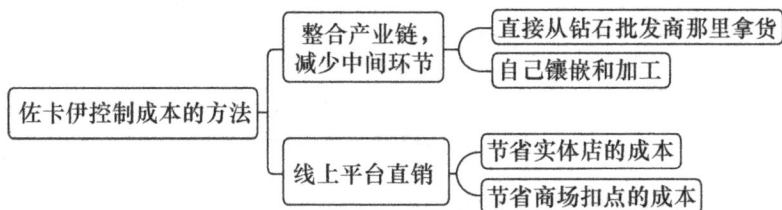

图 4-20　佐卡伊控制成本的方法

第一，整合产业链，减少中间环节

珠宝企业都了解，钻石从开采到最后成为首饰要经过多个环节：钻石开采商、钻石看货商、钻石批发商、钻石加工商以及末端的零售商。和所有的产业链一样，越是上游的环节钻石成本越低，但是钻石产业链的开采和看货环节是垄断的，普通企业很难进入。佐卡伊为了降低钻石成本将产品链最大限度地进行整合，直接从钻石批发商拿货，自己进行钻石的加工和镶嵌工作，减少中间环节，使钻石成本降低了一些。

第二，线上平台直销模式节省了商场扣点和实体店成本

在传统的钻石销售模式中，零售商场的扣点是钻石最大的成本。线上平台直接销售的模式，省去了商场扣点，从而降低了钻石的成本，建立了极好的价格优势。

◆ **提升产品价值，提高消费者对品牌的信赖度**

珠宝产业现在竞争激烈，珠宝企业想从竞争中胜出，只降低价格是无法成功的，特别是对钻石这种单价较高的商品，有时一味地降价反而会受到消费者的质疑。解决这个问题的方法就是提升产品价值，提高消费者对品牌的信任度，如图 4-21 所示。

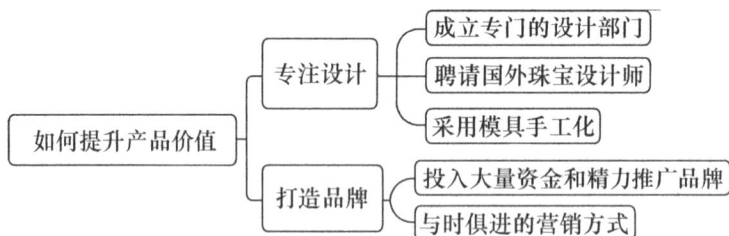

图 4-21 如何提升产品价值

第一，通过做好设计提升产品价值

珠宝产品的设计是体现产品品质的一个重要步骤，消费者对一件珠宝产品价值的理解和认可很大程度上取决于产品的设计。佐卡伊为了提升产品的设计能力，成立了专门的设计部门，请来国外的珠宝设计师参与产品设计，采用模具手工化，以此保证珠宝时尚的外观和佩戴的舒适度。

第二，通过打造品牌来打造产品价值

佐卡伊的品牌推广是围绕提高知名度开展的。在品牌推广方面，佐卡伊极为重视，每年在这上面投入大量资金和精力。而近几年随着互联网时代的到来以及消费者消费习惯的改变，佐卡伊品牌推广的方式也相应地发生了变化。

◆ **佐卡伊的成功离不开全方位、全平台的推广模式**

佐卡伊为了推广品牌，不惜成本，展示了全方位、全覆盖的推广，如图 4-22 所示。

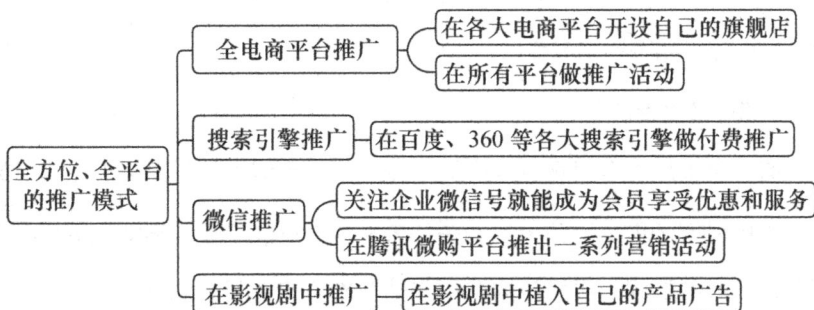

图 4-22 全方位、全平台的推广模式

方式 1：全电商平台推广

佐卡伊为了提升自己品牌的知名度，除了搭建自己的官网，还在各大电子商务平台开设了自己的旗舰店，如天猫、京东、唯品会、微信等平台，并在每个平台进行品牌推广活动。

方式 2：搜索引擎推广

除了在各大电商平台推广，佐卡伊还选择在百度、360 等各大搜索引擎上做付费推广。因为佐卡伊发现现在的年轻消费者已经不会因为想要购买珠宝去实体门店询问相关信息了，而是先通过互联网搜索购买珠宝产品的相关知识以及网友对各品牌珠宝的评价等，再去珠宝品牌的网站了解价格以及珠宝款式，只有部分消费者选择到实体门店体验或购买。

佐卡伊从这个消费习惯的变化中意识到，未来将会有越来越多的消费者选择这种先网络体验再购买的消费方式，而如果能够让这些自己的意向客户来到自己的网站进行体验，对提升自己品牌的知名度有非常大的帮助，这也是互联网带来的红利。

意识到这一点之后，佐卡伊就开始大力进行搜索引擎的优化以及推广，让更多的消费者通过网络搜索找到佐卡伊，在佐卡伊的线上平台了解珠宝相关知识，也了解佐卡伊这个珠宝品牌。这个做法为佐卡伊的线上平台带来了大量的流量，也提高了品牌的知名度。

方式 3：微信推广

微信平台也是佐卡伊重点推广的平台之一。微信用户只需关注佐卡伊的公众号，就可以成为佐卡伊会员，购买会员专属的特价产品，享受免费清洗珠宝的服务，然后参加佐卡伊发起的各种与钻石相关的有奖游戏活动。在腾讯的微购平台上，佐卡伊策划了一系列活动，如"新年主题特卖专场""情人节一分钱抢购钻石吊坠""方言蜜语有奖竞猜"等，效果都不错。

从佐卡伊的这些活动中，我们可以找到活动取得成功的两点要素：足够的优惠力度和足够的宣传手段。消费者对活动最关心的就是力度，有了足够的优惠力度，才能吸引消费者的注意。

方式 4：在影视剧中推广

在影视剧中推广珠宝产品的方法已经介绍过，佐卡伊也学习了这种方法，将自己的产品及品牌植入影视剧中，以此加大品牌的宣传力度。

佐卡伊的这种推广方式取得了不错的效果。在电视剧《我们结婚吧》和《何以笙箫默》中，都可以看到佐卡伊的影子。在《我们结婚吧》热播时，男主角手拿印着"佐卡伊"标志的钻戒盒向女主角求婚的这一幕播出之后，佐卡伊官网的流量当天就增加了 50%；而《何以笙箫默》中出现的 sunshine 项链更是成为佐卡伊连续半年的热销产品。

第 5 章

拥抱未来：这是一场与时间赛跑的颠覆性变革

  "新零售"的影响力正在席卷中国。不论主观上是否愿意，已经有相当多的行业人士和消费者被卷入"新零售"滚动的巨轮。这一卷入或如春雨润物般温和融入，或有破有立地改造升级，或从根本上重塑原有的经济模式，大幅提高行业效率。珠宝产业的未来正在变得更加清晰。

掀开面纱：新零售背景下，中国珠宝企业何去何从

珠宝企业的未来挑战

对珠宝产业整体而言，危机远远没有过去，在珠宝领域的竞争和厮杀才刚刚开始。当警号吹响时，摆在珠宝企业面前的是能否完美应对未来的三大挑战，如图 5-1 所示。

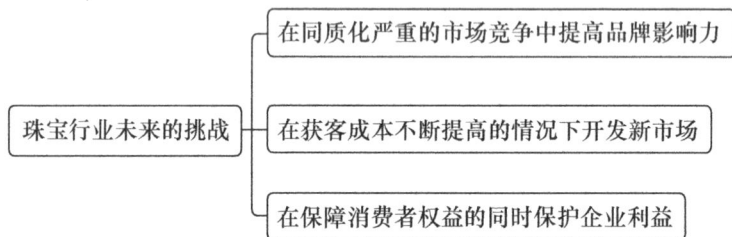

图 5-1　珠宝产业未来的挑战

挑战 1：在同质化严重的市场竞争中提高品牌影响力

传统的珠宝商家，特别是一些个体珠宝商，即使规模小也可以依靠实体店得以生存，但是消费者在互联网上选购珠宝时，无法见到实物，这时商家的品牌影响力的作用就非常重要了。

珠宝产业的同质化早已不是什么新鲜话题，从产品到商业模式，无数企业相互模仿。这种同质化严重的现象让许多珠宝企业失去了原本的竞争力。如何在同质化严重的市场竞争中，提高自己的品牌影响力，是摆在商家面前的一大难题。

现今中国的珠宝市场以大众消费为主导，并没有达到奢侈品消费阶段。从美国以及欧洲等发达国家的消费数据中，也可以看出大众消费的比重最大。但是奢侈品消费市场潜力是巨大的。所以，未来珠宝市场将会出现分化：

第一类是走大众模式，从珠宝的佩戴乐趣及优惠的价格方向出发，市场面向大众人群；

第二类是走价格高昂、极度奢华和客户定制的高端奢侈品路线，这条路线需要长时间的市场培育，还需要有足够的资金作为后盾。

具体到互联网珠宝企业，很多互联网珠宝企业在做"去淘宝化"，目的是打造企业的高端品牌形象，能够让消费者接受更多的品牌溢价。但是贸然改变自己的品牌形象有可能让珠宝企业产生混乱，从而变成一个既没有高端品牌，也无法降低自己品牌定位的处境尴尬的中间品牌。

挑战 2：在获客成本不断提高的情况下开发新市场

珠宝企业现在开发新客户的成本越来越高。一位一线珠宝品牌的高层管理者说，他所在的珠宝企业目前开发新客户的成本与 5 年前相比已经提高了一倍，并且成本还在继续提高。此外，如何将产品更好地展示给消费者也是一大挑战。

互联网让消费者比较价格更为方便，从而加剧了价格战，这导致珠宝产业整体利润下降，竞争手段分为两种：**价格竞争（集中数量）和价值竞争（高价值奢侈品化）。**

珠宝行业不同于其他行业，无法批量生产，珠宝产品正是因为其独特性和无法复制性更有价值。对拥有这种特殊属性的产品，在做线上推广时，如何在消费者无法看见实物的情况下，将产品既全面又真实地展现给消费者，是一个需要解决的问题。最新的 3D 技术是一个解决途径，淘宝在研发产品展示的新技术上一直都有很大的投入。

挑战 3：在保障消费者权益的同时保护企业利益

在互联网上购物，自己的权益是否有保障是很多消费者关心的问题。淘宝的一大特点就是拥有完善的对消费者的保障机制，如七天无理由退换。但是珠宝产业的产品大多是贵重物品，快递运输会带来风险，显然这种无条件退换机制并不适合珠宝产业，那么如何让消费者感到自己的权益有保障，是摆在珠宝商面前的又一难题。

珠宝流通的未来趋势

世界一天天在变化，珠宝产业也在不断变化，但是在变化中，总有特殊的趋势：通过对珠宝产业的研究以及其他行业的发展规律，我认为珠宝产业的发展趋势如图 5-2 所示。

趋势一：传统文化重新回归珠宝市场

中国传统文化对珠宝营销将起到重要的作用。对如今的很多人来说，"外国的月亮比较圆"的这种思想已经发生了改变。随着中国经济的发展以及在世界上的影响力的提升，越来越多的人开始着迷中国传统文化。如在很多重要的场合能看到"中山装"的影子，就足以看出中国传统文化的影响力。所以，珠宝企业可以从中国传统文化入手，先深入了解，再与自己的产品营销结合，这样必将产生不错的效果。

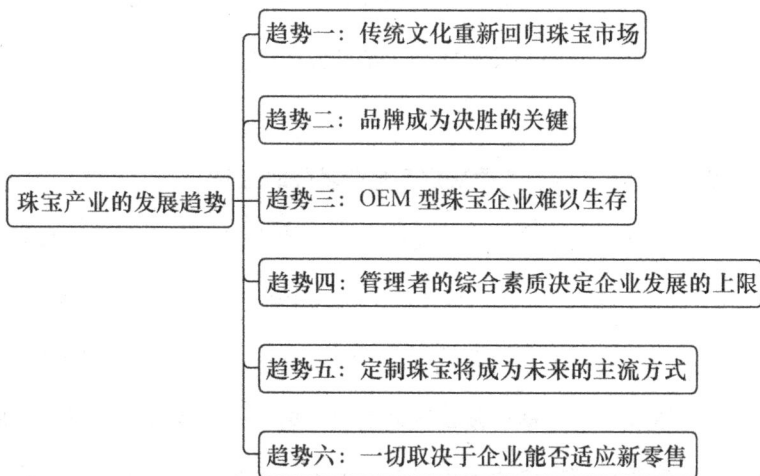

```
                       ┌─ 趋势一：传统文化重新回归珠宝市场
                       │
                       ├─ 趋势二：品牌成为决胜的关键
                       │
                       ├─ 趋势三：OEM 型珠宝企业难以生存
    珠宝产业的发展趋势 ─┤
                       ├─ 趋势四：管理者的综合素质决定企业发展的上限
                       │
                       ├─ 趋势五：定制珠宝将成为未来的主流方式
                       │
                       └─ 趋势六：一切取决于企业能否适应新零售
```

图 5-2　珠宝产业的发展趋势

趋势二：品牌成为决胜的关键

产品品质是一家珠宝企业的基础，也是一家企业的竞争力所在，与产品品质竞争同步进行的还有珠宝品牌的竞争，但是随着新零售浪潮的到来，品牌竞争逐渐成为珠宝企业之间最重要的竞争。谁的品牌能够在竞争中获胜，谁就能取得最终胜利。

企业与企业的竞争，最终是为了抢占有限的市场资源，先占领的企业处在巨大的优势地位上，"适者生存"这个说法从某种角度来看并不适合珠宝市场，珠宝市场是速度制胜，谁先抢占了市场，谁先塑造了专业的品牌形象，谁就更有希望在未来的市场竞争中胜出。

趋势三：OEM 型珠宝企业难以生存

在未来市场中，留给 OEM 型珠宝企业的利润将逐渐减少，生存难度会越来越大，营销更难做。一家只有制造和生产的珠宝加工企业，可以存活，可以小赚一笔，因为市场需要它们的存在，但是这种类型的珠宝企业要想发展壮大非常困难。企业在制定战略方向时一定要注意，不要为了一些蝇头小利放弃塑造自己的品牌的机会，因为如果你放弃了塑造品牌的机会，就等于放弃了企业的未来。

趋势四：管理者的综合素质决定了企业发展的上限

管理者对一家企业起着至关重要的作用，他的综合素质将直接影响企业的发展进程。工艺落后可以改进，缺少员工可以招聘，解决这些问题都比较容易，但是如果管理者的综合素质欠缺就不是一件容易解决的事情了。提高管理者的综合素质主要依靠三点：**第一依靠管理者自己的天赋；第二依靠管理者后天的学习能力；第三依靠管理者找到正确的学习方向和持之以恒的学习态度。三点缺一不可。**

中国珠宝产业的市场涣散，存在大量的作坊式珠宝加工企业，这些原因制约了珠宝产业的发展，而造成这些情况的原因和珠宝企业的管理者有很大的关系。同时，当其他珠宝企业都在向新零售转型时，企业管理者能否具有这种眼光，能否有这个能力把握趋势，也成为决胜点。

趋势五：定制珠宝将成为未来的主流方式

珠宝因为产品的特殊性，定制是消费者喜欢的一项服务，未来珠宝企业可以选择走高级定制或者个性定制的路线。大珠宝品牌可以单独建立一个线上定制平台，定制团队以珠宝设计师和工艺师为核心力量，根据客户需求以及珠宝本身的材质和工艺，最大限度地帮助客户满足其要求。在制作完成之后，再由专人送货，并且介绍该珠宝的搭配方法。当然，这种定制模式目前主要针对高消费人群。

趋势六：一切取决于企业能否适应新零售

郑州珠宝创始人徐明达先生在接受采访时，对珠宝新零售提出了 3 个观点。

第一，新的消费模式决定了珠宝产业必须有新的零售模式

传统的珠宝产业投资成本大，属于资金密集型产业，对资金量要求比较高，针对目前的市场环境，大的资金投入在经营过程中是需要足够的客流量支撑运营的。现在的消费者与以前的消费者相比，消费习惯有了很大改变，现在的消费者不会再为了买一件珠宝首饰去逛很多店，他们会在选购产品之前通过网络和朋友交流各种购买经验，在去实体店前消费者已经对这个产品有了一定程度的了解，虽然这个了解是虚的，但是消费者的需求已经很明确了，他们清楚自己想要什么，在实体店经过"虚""实"对比后，消费者能很快做出决定。传统的珠宝企业注重店铺装修、销售员的培训、货品陈列、货品配置等，但是它们没有考虑客户到了店里怎么办？现状是，消费者在没到店里的情况下，他的决策已经很明确了，这就意味着在目前的市场环境里，传统珠宝企业所看重的店面装修、人员培训等在消费者眼中已经没有什么用了。有人认为这是受电商、微商的影响，其实原因不在电商、微商，在于消费者的决策路径发生了变化，在购买珠宝前，消费者的消费行为已经通过网络或者其他方式有了倾向性意识，这个意识决定了他的购买方式，导致很多消费者没进实体店前已经被截流在网络端口，所以在新消费趋势的倒逼下，珠宝产业应该有新的零售模式。

第二，珠宝实体店在珠宝产业仍然占据主力地位

无论是 O2O、互联网＋，还是新零售，这些概念其实都不重要，现在的商业行为在发生变革，就目前的情况来看，在珠宝产业里，实体企业和店铺还是

消费领域的主体，但是大家选择到实体店购买珠宝的前提是实体店能对消费者的决策产生影响，这也可能是受新零售影响的一种方式。如我们在淘宝中买个东西，有人说好有人说不好，对想买这个东西的人来讲，这是个模糊的概念，当你看到它，佩戴后，才知道适合不适合、好不好。实体店是让消费者在虚拟网络里对企业、品牌产品的信息具象化的一种表现，从这个层面理解，珠宝产业实体店的地位是无法替代的。珠宝产业有一些本质的特性，是互联网无法改变的，首先珠宝的消费频次是比较低的，另外就是珠宝的价格高，低频高价的产品特性决定了消费者不会盲目购买。如结婚钻戒，少数人会通过网络购买，在网上消费的产品大部分是高频次的、容易通过网络销售的，珠宝不是标准化的产品，它的价格体系是模糊的、低频的，单件价格很高，纯粹地通过网络销售比较困难。在未来一段时间内，珠宝实体店还是非常重要的。目前，一些珠宝电商纷纷在做线下实体店。传统零售和新零售的区别不是线上与线下的区别，不取决于产品是在线上卖还是在线下卖，而是取决于店家与消费者的沟通路径，如何满足消费者的需求。

第三，没有创新能力的珠宝企业在未来会越来越难

对珠宝企业来说，实体店虽然在未来一定时间内还是珠宝产业的主流，但是没有创新的传统珠宝企业一定会越来越难。因为这种企业缺乏与消费者沟通的方式和方法，消费者与商家是没有交流的。而现在的新零售中，商家与消费者绝不是简单的买卖关系。举个很简单的例子，很多人在朋友圈做微商，你和微商应该不单单是买家和卖家的关系，在买东西的前提下，你们可能会互动点赞，会聊产品以外的话题，这种买卖关系建立在沟通的基础上，是建立在一定的"感

情"基础上的关系。传统珠宝企业要创新，让消费者愿意与自己交流，让消费者有这类产品需求时第一时间想到自己。

· ·

徐明达先生的见解是非常到位的，无论是珠宝产业需要新的模式，还是珠宝企业的"创新"问题，其实都指向了一个关键点：**企业能不能接受新零售，企业能不能适应新零售，企业能不能创新性地做好新零售。**

如何面对挑战和趋势：周大福珠宝的探索

社会发展日新月异，在不知不觉间，珠宝行业已发展到了一个不创新就可能被淘汰的阶段。随着市场逐步转型，消费者换代在即，珠宝品牌也需要不断根据目标客群的变化，重新审视自身的定位。因此，探索运用"新零售"模式升级消费购物体验，推进消费购物方式的变革，构建零售业的全渠道生态格局，必将成为传统电子商务企业实现自我创新发展的又一次有益尝试。在传统珠宝流通渠道受到冲击的大背景下，周大福直面当前挑战，顺应趋势，持续转型升级和创新发展，改变及提升业务，特别是科技方面的应用及创新，以此在市场上永葆生机、充满活力。

人：以人为本重视大数据

周大福已推出"Smart+"计划，利用互联网技术、智能设备及大数据了解客户的喜好。周大福数字化营销评估模型，如图 5-3 所示。

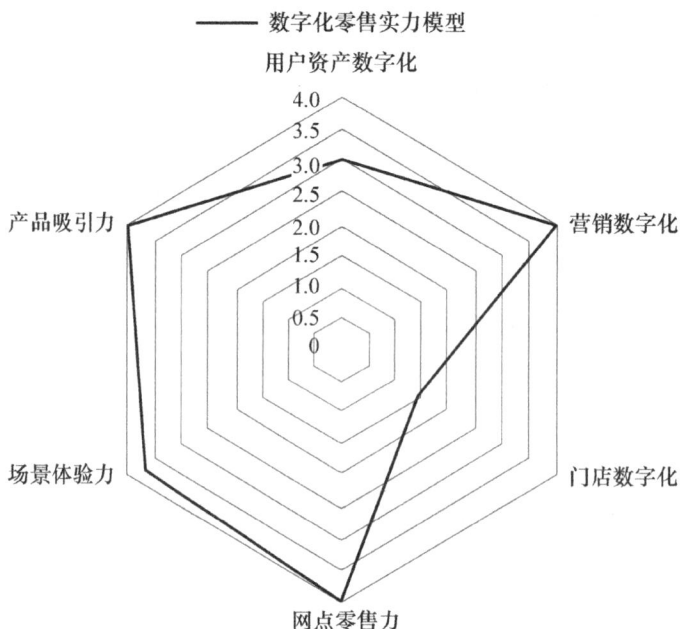

图 5-3　周大福数字化营销评估模型

第一，周大福大力布局数字化渠道

数据显示，中国的年轻消费者在移动互联网上的时间，每天约 3 个小时。各大品牌通过移动互联网连接年轻一代，已经成为未来的趋势。新品发布、活动资讯、场景营销、互动话题等都只有通过移动互联网才能迅速抵达年轻用户。

2018 年 4 月，周大福也开始布局数字化渠道，周大福珠宝集团执行董事陈世昌表示，数字化渠道的首要任务是找到精准客群，将其沉淀在周大福的服务平台。只有链接型服务平台才能更好地服务客户，将一次交易行为变成终身的用户行为，通过数字化渠道，进行门店的数字化升级和用户体验的优化。

第二，联手 APT "实验学习"进行零售再造

近年来，国内零售业的成长仍然快速，消费者行为的变动也越来越让人捉摸不透，如果企业使用传统的数据分析方式，如环比或同比，就无法真正验证创新举措是否有效，这也导致开会时各部门常常会有各自的评量方法。而 APT "实验学习"分析的是同一时间段的实验与对照组门店表现，因此各部门能在统一的基准上讨论，进而得出正确的结论，如图 5-4 所示。

图 5-4　APT 将帮助周大福零售店找到适合的创新举措

2017 年 11 月，周大福联手 APT 的"实验学习"数据分析平台，衡量集团内每个创新举措的成效。周大福集团副总经理李天熹表示，与 APT 合作后，周大福可以了解创新举措的有效程度和使用范围，帮助企业快速地找到具有代表性的门店。

在门店升级方面，周大福希望将门店变得更时尚、更符合年轻人的口味，但又担心是否会让原本的客户不习惯而造成流失，通过与 APT 顾问共同分析数据，周大福发现门店升级让业绩显著增长，将创新举措运用到效力最高、最适用的地方。

货：加快步伐打造新珠宝

周大福大胆打造新兴品牌，并精简了存货及物流管理，利用自动化技术提高供应链效率。

◆ **周大福打造全新潮流钻石品牌 T-MARK**

2017 年 8 月，周大福针对年轻消费者的个性化需求打造了全新钻石品牌 T-MARK，如图 5-5 所示，以 "To Tell The Truth 唯真可鉴" 为品牌理念，并 提出了与 4C 并驾齐驱的钻石新思维 "4T 新准则"。消费者可以凭借 4T 标准， 追溯钻石由毛坯到指尖的每个历程，使钻石所有资料透明、公开，如图 5-6 所示。

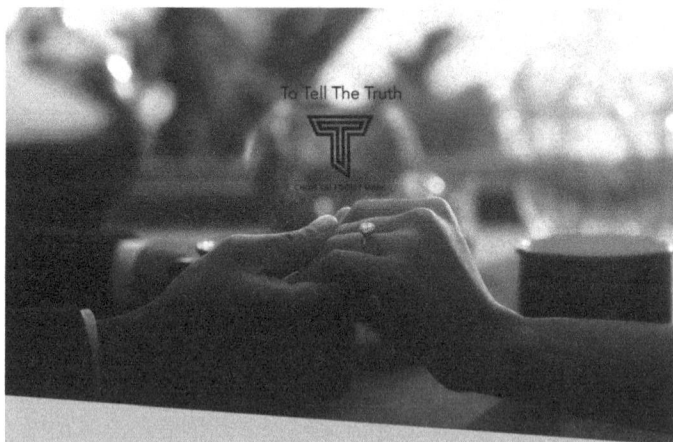

图 5-5　年轻的 T-MARK 气质鲜明，线条感明显

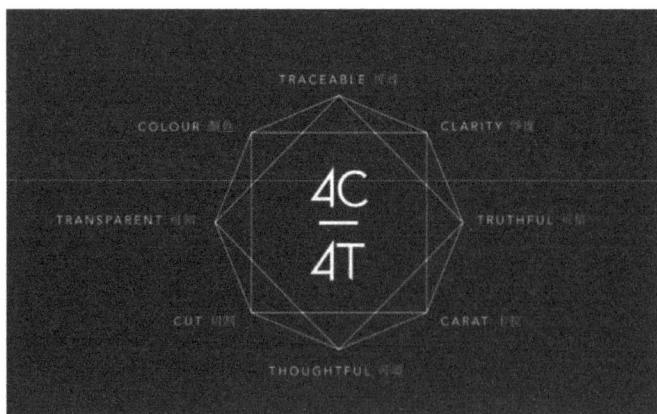

图 5-6　4C/4T 原则

Traceable（可寻）：T-Mark 有独立编码，为每颗钻石赋予独一无二的身份。T-Mark 的原石毛坯或钻石来自世界三大钻石产地。

Truthful（可知）：只有有信心的钻石，才会让资料公开，T-Mark 美钻不但能让人得到，更让人知道。一颗美钻，除了质与艺的鉴定，它的血统、历练，同样重要，甚至为它创造了更高的价值。

Transparent（可信）：T-Mark 美钻，代表了信任与真诚的品格。编码记录钻石的一生，杜绝了一切弄虚作假的可能，资料就是最美丽的事实，确保了纯洁无瑕的身世，每颗 T-Mark 钻石都是唯真的钻石，只有建于真，才能见其诚。

Thoughtful（可颂）：当能掌握钻石一生的历练，确保来历真实、可信时，便能遏制血钻、非法开采及不平等交易。只要是从石胚采购得来的 T-Mark 钻石，都符合"金伯利进程"，都是非冲突钻石，而钻石专家更会竭力确保开采过程履行了环境责任，对消费者、业界或地球环境而言，都是一种尊重。

◆ 与闪送展开全面合作，专人送货上门

周大福在北京拥有近百家门店，每个门店的销售情况与货源不尽相同。有些客户看到心仪的珠宝款式有可能遇到没有现货的情况，或有是很多定制的需求。以往需要客户再跑一趟或周大福自己安排人送过去，这样就浪费了顾客和商家的时间。

2018 年 1 月，周大福与闪送达成合作，在 2018 年 1 月 1 日至 12 月 31 日，顾客在北京的周大福门店只需确认所购珠宝型号、款式，不需要再次亲自取货。周大福将通过闪送平台，把顾客所购的珠宝通过闪送员专人送达。

周大福相关人士透露，选择与闪送合作的原因主要有两个：一是闪送能够保证时效；二是能够保证物品安全。闪送基本能保证一小时全城送达，另外通

过专人直送，完全能保证物品的安全，也为消费者打造了一个购买珠宝的便捷通道。

场：重建珠宝消费新场景

周大福重塑店铺形象及店内设计，并实现店铺差异化，致力于为顾客提供崭新的购物体验。

第一，全新店铺形象大胆面市

中国香港的周大福 YOHO MALL 体验店开业，店铺由壹正企划的两位创始人罗灵杰、龙慧祺共同设计。由于此店铺是为了最新的年轻系列品牌而设，两位设计师选择了甜蜜的粉色调，打造出充满时尚质感的空间，用礼物盒子的意象定义浪漫氛围，打破了品牌的固有印象，如图 5-7 所示。

图 5-7　大胆启用粉紫色系的 VI 设计，礼物盒概念超凡脱俗

　　店铺内散落着相同大小但不同颜色和质料的盒子，踏进店铺，顾客感觉就像置身于一大堆礼物中。玻璃制的礼物盒用作展示珠宝，顾客可以坐在色彩缤纷的布制礼物盒上，慢慢地选择心仪的珠宝。设计师选用有着各种花纹、不同物料的布料去模仿彩色的礼物纸。店铺内设有电子屏幕，用来播放一些与产品相关的图像，除了能让顾客了解产品的设计，也能建立新潮和数码的感觉。在入口处有几个拼接屏，播放短片和图像来营造店铺的整体气氛，如图 5-8 所示。

图 5-8　特以保险库作设计主题，以爱传承

　　周大福又一城体验店，打破一般传统店铺的布局，特以保险库作为设计主题，突出珠宝的珍贵，在呈现一个高贵、创新的购物空间之外，更希望带给大家爱传承，把珍爱的珠宝一代传一代的寓意。

　　体验店内的墙壁分割成一个又一个的长方形，就像铺天盖地的保管箱，特别之处在于每个灰或粉红的保管箱上都绣有数字，数字为一年 360 多天的日期，还有一些广东话、普通话及英文里带有爱情相关含义的数字组合，买珠宝送给挚爱的同时更多了份心意和仪式感。且店铺运用了自然、舒适又柔和的粉红色调，夹杂着粉灰色的搭配，使顾客更易被吸引进店。

第二，让商业拥有无限可能的珠宝售卖机

除了为顾客提供精致的珠宝首饰、贴心的标准化服务，周大福也一直致力于在新零售及智慧零售的背景下，结合科技革新与体验创新，为消费者打造更便利、更具科技感的购物场景。2018 年 1 月 13 日，周大福珠宝与国内智能售卖机行业的领导者友宝集团，携手打造的周大福珠宝自动售卖机——友宝盒子，在上海亮相，如图 5-9 所示。

图 5-9　试戴容易 + 支付方便 = 周大福友宝盒子

友宝盒子分为购物区与试戴区，购物区为顾客提供精致的珠宝首饰自助购买，试戴区提供舒适座椅、试戴镜、香薰机等。顾客通过自助选购、舒适试戴和智能支付的自助购物流程，享受无拘无束的线上与线下一体式购物体验。

通过周大福友宝盒子，消费者体验整个操作环节最快仅需一分钟，让消费者随时随地体验珠宝 + 智能自助购物，实现真正意义上的自助智能门店。同时，售卖机让珠宝融入其他商业场景发挥了无限的想象空间。

第三，珠宝 & 零售新结合

从零售到新零售，多的不仅是一个"新"字，还多了新的销售场景、新的商家与消费者关系、新的供应链流程。产业在带来变革的同时，消费者也将从新零售中获益，享受更高效的服务、更优质的产品。只有关注效率和消费者体验的商家，才能乘着新零售的东风尽情翱翔。未来是新零售与传统零售的竞技场，新零售将用互联网优势打通传统零售的经营链，为把握消费模式转变的机遇，周大福会在新零售的路上勇于创新，大胆试错！

未来看点：3D 打印技术全面应用于珠宝产业

3D 打印诞生于 20 世纪 90 年代中期，它的魔力就在于能够兼容多种材料，其核心技术在于塑造性，使它看起来总有颠覆其他传统行业的潜力。

应用 3D 打印技术打印的有汽车的部件、潜水艇的部件及太空望远镜甚至火箭发射器，此外还有人造肝脏组织、塑料裙子与手枪。

3D 技术在我国也得到了很好的应用：我国应用 3D 打印制作了钛翼梁等部件，使第五代隐形战斗机歼 –31 变得更轻。

如果说 VR 可能带给珠宝产业的是颠覆，那么 3D 打印作为一种技术，带给珠宝产业的就是进化和革新。3D 打印将成为手工雕刻的替代品，并大面积代替数控车床。

3D 打印的特征：适合用来制造加工批量少、尺寸小、精度高和造型复杂的零件，这些正和珠宝制造不谋而合！

早在 20 世纪，费城的泰勒艺术学院就开始教学生使用 CAD 和 3D 打印来设计首饰。2014 年，德国的 3D 打印珠宝首饰店 Stilnest 一举获得了 100 万美元的投资。珠宝公司美国珍珠（American Pearl）也开发了在线珠宝设计定制系统：它将 CAD 软件和 SolidscapeT-763D 打印机结合在一起。而在中国，也有很多珠宝商家开始使用 FDM 技术或 SLA 技术制作蜡模。

为什么使用 3D 打印珠宝

3D 珠宝的优势：它能提供个性化的珠宝定制方案。

以国人最喜欢的黄金首饰来说，应用到 3D 打印领域会是这样的：制作黄金饰品之前首先需要制作模具，模具做好了再把黄金熔化进模具，冷却固定后形成了黄金首饰的造型；传统工业制作一个模具至少需要两个星期以上，但是 3D 打印技术可以把制造模具的周期缩短到 4 ~ 5 天。

3D 打印的出现解决了珠宝模具制作周期长、个性化定制成本高的难题。很久以前就有了借助 3D 打印技术制造的黄金饰品，但是之所以没有发展起来，是因为实体店无力在门店向有需求的客户推广，受众群终究有限。但是随着新零售的到来，在大数据技术的支持下，珠宝首饰的 3D 个性化定制必然有巨大的发展空间。

在新零售中，个性化珠宝设计过程是这样的：首先设计师使用三维软件设计几款基本造型，然后用户可在网上或实体店进行个性化定制，先选择基本款型，再自主选择饰品形状、颜色、大小、成色等，期间消费者还可以借助 VR 等技术进行虚拟试戴。选定款式之后，3D 打印机可以把客户设计的图案打印成模具，这个过程仅需要几十分钟。模具做好了，再开始生产，整个周期仅需要几天，而这个过程也完成了新零售提到的由消费引导。

个性化的好处还在于，客户可以在基本款的首饰中定制一些个性化的元素，如自己最喜欢的幸运数字，自己或家人的生肖。

这样定制出来的珠宝，价格会很贵吧？

完全不是，与普通的黄金饰品相比，3D 打印的黄金首饰价格多出 10% ～ 20%，作为个性化定制的商品，这个价格毫无疑问是非常有吸引力的。

传统黄金首饰的销售模式：先制造存储，再在消费中消化库存，当 3D 打印应用到珠宝企业后，企业无须事先存储黄金、珠宝。

先打印模具，然后将模具送到工厂加工制作即可，珠宝企业的黄金和珠宝储存量也会大大减少。

3D 打印与线下的结合：将不再限于珠宝店

届时，珠宝企业可以在婚纱影楼、婚庆公司、高端礼品店和月子会所等地推广。在这些地点常常有一些需要纪念的时刻：妈妈可以设计珠宝送给自己的宝宝，情侣和夫妻也可以互相赠送。也许每件定制的珠宝背后都有故事，都有消费者想表达的意思，因为有特殊意义，所以要纪念。这时就可以自主设计属于他们的珠宝。

未来走向：VR 技术带来珠宝产业新爆点

25 岁的小美快要过生日了，她要给自己选件珠宝作为生日礼物，往年她购买首饰都是去商场，把各大珠宝品牌店逛个遍。

现在不用了——小美打开手机，戴上了头盔，瞬间就发现自己已经走进了珠宝店。

这个珠宝店很大，装修非常豪华，精美的水晶灯照在珠宝上亮晶晶的，折射出动人的光芒：这个虚拟现实的珠宝店看起来如此真实……但是又和现实中的珠宝店有着巨大的差别。

差别 1：现实中的珠宝店有店员，但是这个珠宝店没有，只有她和无数的珠宝。

差别 2：现实中的珠宝都是藏在玻璃柜台里，被锁起来，如果她想看哪件珠宝，必须由店员戴着白色手套从柜台里取给她，还不能取很多件。

在这个虚拟现实的珠宝店中：所有的珠宝都是摆在表面上的，她想拿哪件就拿哪件，想怎么试戴都可以。

以上就是 VR 全面应用到互联网和电商平台后，人们购买珠宝的未来场景。

VR，这个无数人在口口相传的新技术，已经真的来到了我们的身边。

2016 年 4 月 1 日，新浪科技发表了一篇名为《真的来了！淘宝推出 VR 购物产品 Buy+》，原文如下：

淘宝在愚人节这天宣布推出全新的购物方式 Buy+。Buy+ 使用 Virtual Reality（虚拟现实以下简称 "VR"）技术，利用计算机图形系统和辅助传感器，生成可交互的三维购物环境。Buy+ 将突破时间和空间的限制，真正实现用户各地商场随便逛，各类商品随便试。目前，淘宝计划将在 4 个月之后上线该功能。

Buy+ 通过 VR 技术可以 100% 还原真实场景，也就是说，使用 Buy+，即使你身在广州的家中，戴上 VR 眼镜，进入 VR 版淘宝，可以选择去逛美国纽约的第五大道，也可以去英国的复古集市，让你身临其境地购物。

将 VR 技术应用于购物领域，最大的挑战是如何快速地把淘宝 10 亿件商品在虚拟环境中 1:1 复原。为了解决这个问题，阿里巴巴推出了造物神计划。丰富的 VR 商品库可以直接降低网络购物的退货率，提高实体店购物的购买效率。

例如，在选择一款沙发的时候，你再也不用因为不太确定沙发的尺寸而纠结。戴上 VR 眼镜，直接将这款沙发放在家里，尺寸颜色是否合适，一目了然。

Buy+ 利用 TMC 三维动作捕捉技术捕捉消费者的动作并触发虚拟环境的反馈，最终实现虚拟现实中的互动。简单来说，你可以直接与虚拟世界中的人和物进行交互。甚至将现实生活中的场景虚拟化，成为一个可以互动的商品。

例如，利用带有动作捕捉技术的 VR 设备，你眼前的香蕉、书籍在 Buy+ 中可以化身为架子鼓，让你在购买商品的过程中拥有更多体验。

VR 是由美国 VPL 公司的创建人拉尼尔（Jaron Lanier）在 20 世纪 80 年代初提出的。其具体内涵是综合利用计算机图形系统和各种现实及控制等接口设备，在计算机上生成的、可交互的三维环境中提供沉浸感觉的技术。其中，计算机生成的、可交互的三维环境称为虚拟环境（即 Virtual Environment，简称 VE）。虚拟现实技术实现的载体是虚拟现实仿真平台（即 Virtual Reality Platform，简称 VRP）。

2016 年被称为 VR 元年，同时也是虚拟现实全面引爆的一年。可以预见的是淘宝的 VRBuy+ 的出现正和多年前出现的淘宝一样，改变的不仅是一个行业的格局，而且是很多行业的未来；不仅是一个人的购买方式，而且是大众的生活方式。

在 VR 开始兴起之前，周大福、钻石小鸟等一些珠宝企业就开始使用 iPad 作为实体店铺或举办场外活动时的珠宝展示工具。在 iPad 中存储大量的珠宝产品信息，还可以用 3D 展示产品，这让珠宝企业的销售员既可以轻松面对消费者，又不会破坏消费者的购买体验。

苏宁云商集团副董事长孙为民曾经这样说过："实体越来越虚，网店越来越实。"在苏宁的互联网战略中，线下实体店铺将使用更多虚拟智能化购物的技术（如移动终端推荐商品、自助网上货款支付等），而线上购物平台将通过新型虚拟展示技术增强用户的购物体验。苏宁关于互联网的战略，值得珠宝产业学习和思考。不少珠宝企业已经意识到这一点，产品虚拟展示技术正越来越受到珠宝产业的关注。

更重要的是，对企业来说，尤其是珠宝企业：VR 技术和珠宝企业的未来息息相关，想象一下，当所有人都习惯在虚拟现实仿真平台上购物，珠宝企业也到了必须与时俱进的时候。VR 技术会给珠宝企业带来这样的改变，如图 5-10 所示。

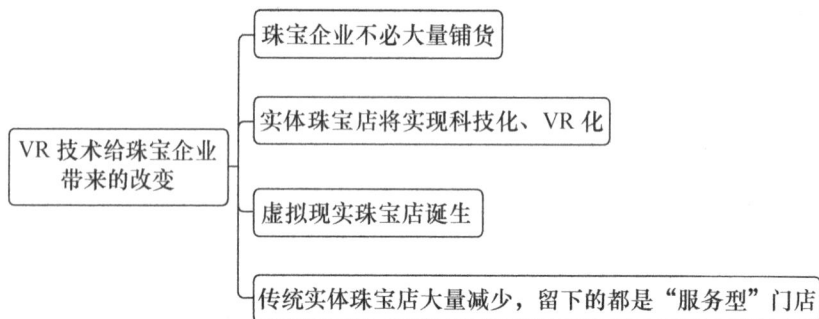

图 5-10　VR 技术给珠宝企业带来的改变

第一，珠宝企业不必大量铺货

在未来，因为大多数消费者进入虚拟实体店购物，珠宝企业可以不再大量铺货，消费者在线上选定了，企业再进行生产。

第二，实体珠宝店将实现科技化、VR 化

目前，已经有珠宝企业开始这么做了，在前文中我们提到过周大生和阿里巴巴的新零售合作。同时，在线下实体店，周大生也开始了自己的"智能升级"。

界面新闻在 2017 年 5 月 8 日发表了一篇名为《周大生开了家首饰虚拟试戴体验店，意在把客流导至线上渠道》的新闻，原文如下：

还记得德芙广告里那个姑娘对着珠宝店橱窗幻想戴上了钻石项链的经典桥段吗？当年的这个特效镜头，如今变成了现实。

2018 年 5 月 7 日，周大生珠宝股份有限公司与阿里巴巴（中国）有限公司签署了战略合作备忘录。同日，周大生在深圳升级了一家"2.0 版智能体验店"——利用 AR 交互技术、通过店内"智能魔镜"，让消费者对珠宝饰品进行"虚拟试戴"，并实时在线下单。

虚拟珠宝试戴设备能自动识别试戴者颈部的位置，选择商品、轻触屏幕，想要试戴的项链就会立即"戴"在脖子上。这种兼具视觉吸引力和互动性的设备，能最大限度地模拟消费者真实的珠宝试戴效果。

其原理是用 3D 渲染技术进行渲染，使其呈现的效果与产品本身在真实情况下的光彩呈现和渲染之间无限接近，目前周大生已经可以做到和实际佩戴的效果比较接近。

周大生互联网事业部的总经理郭晋表示，这种智能"试戴"，是在珠宝产业传统门店无法满足消费者不断产生新需求的情况下诞生的产物。

智能设备试戴产品，打破了门店在地理和空间上的限制。门店再大，货品陈列数量也是有限的，而硬件设备后面是大数据，数据之中有海量款式，可以为消费者提供丰富的选择。

其实，在 2015 年，另一家珠宝品牌周生生就曾在西安、北京、上海等地推出可供消费者实现虚拟试戴珠宝的智能体验服务。除了试戴，消费者还可通过设备拍照和上传功能，以扫描二维码的形式，实时分享至社交平台并集赞。

周大生的这家智能体验店更多被用于监测并收集用户反馈，并做出优化和调整。若确认这种模式具有可观的市场空间，周大生会陆续在全国一二线城市推广。

＊＊＊＊＊＊＊＊＊＊＊＊＊＊＊＊＊＊＊＊＊＊＊＊＊＊＊＊＊＊＊＊＊＊

科技化正是新零售的重要特征之一，未来的珠宝实体店将向高科技的方向发展，珠宝企业必须单独建设自己的研发部门，科技将成为珠宝企业的重要生产力和竞争力。而有着科技核心竞争力的珠宝企业，将更容易在竞争中脱颖而出。

第三，虚拟现实珠宝店诞生

虚拟现实珠宝店诞生，而且将成为未来珠宝企业的主战场。

目前，线上个性化定制、购买黄金珠宝饰品仍然是非主流。大多数传统消费者购买黄金首饰的首选还是实体门店，因为佩戴效果是实时的，质量也更令人放心。但是，随着 VR 技术的发展，未来 VR 能够解决线上购买黄金珠宝的消费者无法看到自己佩戴效果的难题。

在更远的未来，随着 VR 技术的成熟，也许几十年以后珠宝店会大量减少，消费者只要戴上头盔，就能身临其境，并且能够更多角度地体验。

未来的珠宝企业比拼的是**谁的虚拟现实珠宝店更华美？谁的珠宝店看起来更真实？谁的珠宝店能吸引更多的流量？谁的珠宝店能吸引人停留更长的时间？**

未来的线上珠宝店会越来越多，而且"装修"得尽可能华美、舒适，使人流连忘返。虚拟现实珠宝店的指标可能如下两点：

第一，访问人数指标：谁的虚拟店能迎来最大的流量、最多的访问人数？

第二，停留时间指标：谁的虚拟店能吸引顾客长时间停留？

为了这些指标，珠宝企业将需要更多的技术人才、更多的陈列设计专家和顾问。

第四，传统实体珠宝店大量减少，留下的都是"服务型"门店

珠宝店的科技化与 VR 化正是我们对未来的展望：未来顾客真正需要的珠宝店不会减少，减少的只是不再能满足消费者需求的传统珠宝店。

传统实体店大批量减少，人们要么在虚拟现实平台上购买产品，要么在实体店中同时体验"真实"和"虚拟"，一方面人们看到真实的珠宝成品和宝石，另一方面可以随心所欲地定制和体验自己想要的设计，通过 VR 技术获得更真实的体验。

在过去，一项特殊技术的革新，会给行业带来翻天覆地的变化。VR 技术和互联网的结合，会导致人们的购买习惯进一步变革。以前，可能 50% 的消费者喜欢线上购物，因为方便；50% 的消费者喜欢线下购物，因为可以有实际的、直观的体验。但是未来，人们习惯使用 VR 技术，同时在线上和线下完成购物：人们在线上通过 VR 技术挑选、佩戴，对自己所需的产品的价位和风格有了初步的了解，然后再去实体店购买。

未来的珠宝实体店也会像现在的奢侈品店一样，拼的是氛围、服务、私人定制和特别体验，你必须提供线上珠宝店没有的东西：初级的是茶水、点心，高级的像会所一样提供香薰、按摩等，使情侣、年轻女孩、家庭主妇和白领把珠宝店作为约会场所的备选地之一。

虽然现在 VR 行业还有很多难题需要解决，但是未来这些都会解决。

新时代需要新的商业模式

一位企业管理学大师说过：一家曾经成功的企业最终走向失败，是因为企业沿着原来成功的道路多走了一段路。

并不是说所有珠宝企业都必须照搬我所说的商业模式，但是可以从本书介绍的方式方法中发现新时代的发展趋势，然后根据自身的能力和资源，找出一种最适合自己的发展模式，提高珠宝企业在未来新零售中的核心竞争力。